青春是神采飞扬的笑脸

《中学生博览》杂志社 选编

时代文艺出版社

图书在版编目（CIP）数据

青春是神采飞扬的笑脸 /《中学生博览》杂志社选编. — 长春：时代文艺出版社，2021.3
（青少年校园美文精品集萃丛书. 青春伴读系列）
ISBN 978-7-5387-6580-9

Ⅰ. ①青… Ⅱ. ①中… Ⅲ. ①作文－中学－选集 Ⅳ. ①H194.5

中国版本图书馆CIP数据核字（2020）第264957号

出 品 人	陈　琛
产品总监	邓淑杰
责任编辑	焦　瑛
装帧设计	孙　利
排版制作	隋淑凤

本书著作权、版式和装帧设计受国际版权公约和中华人民共和国著作权法保护
本书所有文字、图片和示意图等专有使用权为时代文艺出版社所有
未事先获得时代文艺出版社许可
本书的任何部分不得以图表、电子、影印、缩拍、录音和其他任何手段
进行复制和转载，违者必究

青春是神采飞扬的笑脸

《中学生博览》杂志社　选编

出版发行 / 时代文艺出版社
地址 / 长春市福祉大路5788号　龙腾国际大厦A座15层　邮编 / 130118
总编办 / 0431-81629751　发行部 / 0431-81629755　北京开发部 / 010-63108163
官方微博 / weibo.com / tlapress　天猫旗舰店　sdwycbsgf.tmall.com
印刷 / 三河市嵩川印刷有限公司
开本 / 880mm×1230mm　1 / 32　字数 / 135千字　印张 / 7
版次 / 2021年3月第1版　印次 / 2021年3月第1次印刷　定价 / 36.00元

图书如有印装错误　请寄回印厂调换

编 委 会

编委会主任：刘翠玲　夏野虹　高　亮

编　　　委：宁　波　孟广丽　张春艳

　　　　　　李鹏修　苗嘉琳　姜　晶

　　　　　　王　鑫　李冬娟　王守辉

Contents
目 录

时光，请让我成为一颗琥珀

数学、文字、月亮和小伙伴 / 古惑女 002

青春小时代 / 月 鸣 007

让她久等的一双鞋 / 唐 威 014

阳光灿烂的日子 / 夏洛克 020

下辈子，还要见 / 小妖寂寂 027

此处无言 / 小 泽 031

时光，请让我成为一颗琥珀 / 侑 语 034

那些年我们一起追过的小高考科目老师 / 月小半 038

抬头看着我微笑

没什么，只有天空 / 暖 夏 046

抬头看着我微笑 / 微 光 055

5 号同学　/　唐　花　065

那个人　/　王宇昆　071

叶蓝蓝的智齿和苏筱唯的爱情　/　微　晗　077

Forever Young　/　未　末　084

我和蛀牙有个约会　/　喂，那谁　092

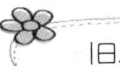
旧人路过花千树

旧人路过花千树　/　弄　臣　100

暗夜里的掌灯人　/　陌浅狸　107

蓝色的海是海豚的泪　/　莫莫小呆　110

你若快乐便是安好　/　慕如雪　118

臭小子与姐姐的还珠缘　/　暮色琉璃　122

陪你看过烟花雨　/　小　漾　126

鸵鸟物语　/　银　灰　133

愿你百年安生不离笑

愿你百年安生不离笑　/　鱼尾与树　138

非少年即蓝颜　/　袁旭飒　142

那年春天特别美　/　张五朵　145

快乐"四人组"　/　张小凡　150

一路上有你　/　张志浩　154

我的QQ上你的名字单独一组 / 赵天毓　160
冬瓜赞歌 / 竹天君　163
一二三，木头人 / 紫雪微晴　168

凤凰花开梦想重生

离开的正是天堂 / 千　律　176
嗨，我坐在观众席 / 浅步调　179
凤凰花开梦想重生 / 曹泽倩　183
我们都是不退缩的兵 / 依　林　189
时光妈妈一直走 / 黎　卓　192
太后一家启示录 / 栗子小姐　196
等下一个天亮 / 唐　柠　200
那年的初阳 / 夏南年　204
这个夏天不平凡 / 杜克拉草　213

时光，请让我成为一颗琥珀

数学、文字、月亮和小伙伴

古惑女

我叫树。安叫我小树。我觉得我不小了。上了初三后我的脾气变得异常暴躁，我不想喝我妈塞在抽屉里的牛奶，我不想喝我妈周末特意为我熬的鸡汤，我甚至不想和她对话。我把我的CD和漫画都锁在柜子里了，钥匙扔进了灰色的海里。我把我的QQ炫舞账号卖掉，然后用卖来的钱买了一大沓资料和卷子。你想象不出我的数学有多烂，我会一点点方程，但我根本不知道函数是什么！一元一次？一元二次？二元一次？阴影面积？平行四边形证明？垂直定理？每上一节数学课我的心就碎一次。完了完了，我绝望地想。没完没完，下一秒我又在安慰自己。我每天都要做很多卷子，数学数学，我逼着自己和那些阿拉伯数字还有千奇百怪的符号打交道。那些疯狂看漫画的数学课原来都是有代价的——现在，是我还的时候了。

我悔不当初吗？并没有。我曾经那样快乐过，那些放肆岁月带来的深刻记忆提醒我非常值得。从初一我就开始偏科，偏语文。首先我热爱文字，是的，热爱。我看了很多小说和散文，然后开始自己写，不停地写，笔芯和本子用得飞快。还是有很多东西可以写的，我深爱的柯南、我养过的金鱼、我啰唆的老妈、我的牙痛、我的梦境、我的幻想和我越来越深的孤独……只是我从来不拿给任何一个人看。它们安静地躺在我的黑色书包里，我梦想着有一天带着它们远走高飞。其次，我爱李白，不仅仅是喜欢。这个深情的、浪漫的、不羁的、无处不故乡的男人是我除了柯南以外的最爱。他写诗、喝酒、唱歌、漂泊、举杯邀月，最后醉酒落水抱月长眠。哦！他真是无可救药，我爱他的无可救药。我嫉妒月亮，因为只有月亮才有资格做他的情人。"床前明月光，疑是地上霜""相看月未堕，白地断肝肠""小时不识月，呼作白玉盘""举杯邀明月，对影成三人"，只有他才懂月亮的百般哀愁和柔情。只是我每每从一堆卷子中抬起头看着天上孤零零的一轮明月，我也同情她——她再也遇不到第二个李白了。大漠孤烟、赤壁风云、蜀道猿啼、壮丽江河，她用斑驳的月光照耀着这些良辰美景，却再也等不来那个醉酒时与她共舞交欢的人。曾被一个漂泊诗人这样忘情热烈地注视过，她这一生，注定只能在这茫茫银河顾影自怜地凋零了。我总是不知不觉陷入诸如此类的诗意幻想，而常常忘了我还有两张化学试卷没做，还没搞懂静止摩擦力和滑动摩擦力的区别，也搞不清线轴上的y与x间千丝万缕的联系。骨子里始终迷恋那些缠缠绵绵的东西，但现实坚硬残酷。

安曾问我，怎么突然发起奋来了。她这么问是我们在阳光里喝冰的时候，她手里翻着一本漫画杂志，而我拿着一本小册子在记数学公式。我们有一搭没一搭地聊天。

安是美术生，学画画超过十年，将以特长生的身份进入附中是铁打不动的事实。我们两年前在一个动漫展上偶然认识，之后我们一起分享了无数的动漫、零食、往事和时光。我们有很多共同点：自我、自由、倔强，迷恋江户川柯南，只喜欢穿T恤和牛仔裤，喝饮料时习惯把吸管咬得乱七八糟，喜欢冬天，是行动派。当然，我们也经常爆发争吵，我们都是那样随意的人，一杯奶茶，漫不经心的一句"嘿，更新的《海贼王》你看了没，我下载了"，碰一下肩膀就能让我们化干戈为玉帛。我明白我们对彼此的需要——她是我最好的朋友，没有之一。我是不合群的人，不善交际，对不感兴趣的事物吝啬于付出热情。我的感情很用力，很干净。小时候我也曾有过一群好伙伴，我们一起玩躲猫猫，我总是最后才被找到的那个。但随着我们慢慢长大，他们有的搬家了，有的恋爱了，有的出国了，更多的是有了新的好伙伴。不再有人拼尽全力寻找我，因此我感到很寂寞。不过很快我发现一个人上学、放学、吃饭、听歌、看动漫其实也没什么。再然后，上天赐给了我一个全新的小伙伴。

我这样跟这个小伙伴罗列我突然用功的原因：

第一，你要去附中，如果我现在开始发奋图强也许我们有机会一起站在崭新的校园里。

第二，我爸前段时间病了，他认真地跟我谈了一次。他说我从小就不服管，要做的事十头牛也拉不住，一直不肯好好读书，让他和我妈很头疼。但他一直觉得我很聪明，他偷偷看过我写的东西，虽然不完全懂但感觉还可以。他说也许我会走一条不同的路，但他是一个极为平凡的父亲，终究希望自己的儿女有一个安稳的将来。他说自己虽然本事不大，但会想办法把我弄进好一点儿的高中。我从来没试过这样和他聊天，我觉得很难过。我是那天晚上才知道原来我爸也是李白的诗迷，他对李白的了解比我还多得多。我感到羞耻，为自己的自私和无知。开始意识到自己才是那个井底之蛙。

第三，我不是为了什么光明的未来，到现在我也不知道考上好高中好大学的未来是怎样的，又有何意义。我只是突发奇想，或许我可以呢？我是说，我数学烂得要死，我早就置之不理了，看似已经没有起死回生的可能，但——谁说得准呢？或许我可以让所有人大吃一惊。我想体会那种全心全意为一件事情竭尽所能的感觉。我要奋斗！我要超越！我想证明点儿什么——人的无限可能。我的能力。我不是为了逃避学业压力和父母期望才标榜自己喜欢动漫和文字。当我下定决心,我可以做好任何一件事。

第四,这个你泄露出去的话我真的会和你绝交。寒假我在街上碰到过初二教我美术的那个钟老师,他现在在附中教美术。他还是那么喜欢戴帽子。

我的小伙伴惊呆了。

青春小时代

月 鸣

1.初三,玩命年华

初三了,似乎初三每天的生活都离不开"中考"两个字。从杂志上看到这样一句话"没参加高考的学生,都是逃兵"。那么,没参加中考的也是逃兵。我不想做逃兵。开学六天来,几乎没接触到电器,除了电灯和MP3以外,似乎这成了一种习惯——难以改掉的习惯。不知什么时候喜欢上文艺,也爱装文艺范儿,写青春文字,读青春小说,听青春歌曲,看青春电影。基本上都是青春,仅仅因为现在处于青春。每天十点半睡觉、五点四十五起床成了不变的作息,渐渐地自己不再需要老妈的河东狮吼也能起床了。这是不是意味着长大呢?从不承认自己长大,不是自己矫情，而是想保留这份青春。每天"烈日当头照"，我都准时出现在老妈单车的后座上，叹一口气："唉！"

到学校，跳下单车。老妈拍一下我的肩膀，来了一句："初三，玩命地学吧！"点点头，转身，离开。似乎这也是在玩命吧，自己竟然改掉了每天不写课外练习册的习惯，下课铃一打响，不再像原来一样趴桌子上睡大觉，而是提起笔算着难解的平方根。不为别的，只为中考。

旅途，漫长而艰辛。我们正是初三旅途中的旅客。中考是终点站。怎么去？玩命去。

2. 犯二小青年

近来学校里掀起一阵"追风"，追风？顾名思义，追星风。

是鹿晗，好吧，我承认他长得好看，阳光帅气，尤其是那双眸子，还有形象与动作，跟"卖萌"脱不了干系。

我们班A女，鹿晗的铁杆粉丝。

每次，学校旁边的书店来了一批新的鹿晗的海报，总是怀揣一颗炽热的心去了然后又怀揣一颗拔凉拔凉的心回来了。

为什么呢？因为卖没了。

A女和椋子同学关系甚好，每次有鹿晗的消息，总是兴奋地拉着椋子叨叨个没完，顺便夹带"肢体语言"。望着每天都被吵的椋子，我笑出了声，如此轻蔑地笑出了声。

"你还笑是不是？什么玩意儿？凭什么把少女的芳心都勾走了？给我留一颗啊！"椋子大喊。

我回眸，嫣然一笑。

"来，奴家的给你好了，公子一定好好对奴家啊！"我"意味深长"地说着。

"死二妞，我是女的啊。你那颗心自己好好留着吧！"

其实，该犯二的时候犯二是件好事。多年以后长大的自己，无论怎么样都挂不上"青春、犯二"这样的标签，会不会觉得彷徨、迷茫呢？写到这里的时候，我看了一眼椋子的个性签名：青春是宝贵的，如果不珍惜，真的会后悔的。其实，我想告诉她，对的，不珍惜青春，一定会后悔的。

3.暗恋是场遇见

暑假的时候看了很多书，有白槿湖的《深爱你这城》，安妮宝贝的精选集，七堇年的《被窝是青春的坟墓》。

令我惊叹的是白槿湖的《深爱你这城》，真的是一颗"催泪弹"。似乎在这本书面前，我的眼泪总是不值钱。

我相信会流泪的人证明心还没死。

哭到什么程度呢？白槿湖写到大结局的时候，书后面的几张纸被我泪水打湿。在青春里，我们能做的是，要么狠狠地哭，要么狠狠地爱。

看完之后，我打开窗子，会不会也在有生之年遇到那样一位我爱的和爱我的人呢？我想，会的。

去年，实验高中全民运动会开场时，我们打着有旋律的鼓点进场。

那天很热闹，但丝毫引不起我的兴趣。所有人都很惊讶我们为什么穿着洁白的服装，排着整齐的队伍，打着完整的鼓点。他们不知道，我们为了进场的十五分钟而苦苦排练了一个月。

同时，我也认识了他。那个少年。

说来很搞笑，我并不知道他的名字，我也没有问。既然是暗恋，不暗，如何恋？

学校排练的第一天时，我们去学校报到。我穿着小一号的粉色公主衬衫，上面印了一个超级可爱的大熊，下身，深粉色印边舞蹈裤，脚踩着帆布鞋。那天我一直别扭地站在学校的大厅里，等着好友棕子。为什么别扭呢？第一，我不喜欢粉色。第二，衣服很小，我很高，这是两年前的衣服。我站在大厅里，从窗户刮进来的风冷飕飕地钻进我的脖子里。我下意识地缩了缩脖子，转身，便看到了他。是不是很突兀？遇见不分地点，但我还是在转身之际看见了他。格子半袖衬衫，牛仔裤，浅绿色运动鞋，白皙的脸庞，高高的个子。后来我知道他是八班的体委。而我在九班，隔壁。

有一句是这样讲的，距离总是痛的，例如现在，我在墙的这头，他在墙的那头。

排练的那个月，我每天都会看见他。甚至我把他当成了动力，每天只是为他而去。然后每天排练结束后，你会发现一个女生在人群里钻上跳下，左看看右看看。那个女生就是我，我在找他，似乎在那一个月成了习惯。无论怎么样，我都能在人群中一眼看见他。年少时代，我们具有这样一项功能，一眼望穿所恋之人。

我没有找他，问他的姓名。一半因为自己的懦弱，一办因为自己想把这份暗恋继续下去。

暗恋，单恋，都只是恋而已，没有行动，对于暗恋，安于现状最好。

4.我们都是坏孩子

看完了一个片子《我们都是坏孩子》，90后青春片，很喜欢，看完挺难过的，或许是为可怡的命运，更多是为片子中人物的青春流逝而难过。看完了片子，又看几眼影评。一大部分都在骂导演，说是把90后说得太不堪了，反映的不是90后的真实生活。看到此，我轻笑出声。如果90后他们现在就不敢面对自己的行为,那么他们以后会更可怕。

我到现在仍记得《我们都是坏孩子》中的一句经典台词:那些让我们哭的事,总有一天会笑着说出来!

听到这句话的时候,我哭了。我亦不知道自己为何而哭。

哭,眼泪。笑,微笑。

两个概念却折射出不同的含义,似是难过,似是悲伤。

有的时候我在想这样一个问题,是不是每个少年的心中都有一段不为人知的故事,不是不说,只是说出来,便是个过错。

我的心里也有这样的故事,说不出,道不明。所以我自私地认为别人亦如此。

我们都很自私,贪婪无比。

这就是青春年华,具有双重性格。一面是自己真实的面目,一面是影子中的自己。

5.青春正能量

"正能量"一个最近很时髦的词。

因为这个"正能量"我合理运用到语文的综合实践中,得了高分。

"正能量"是怎样一个词?

在网上查了一下:"正能量"指的是一种健康乐观、

积极向上的动力和情感。

青春亦是如此。

青春都是正能量，正能量的青春也会有"副作用"，或许彷徨，或许迷茫，但这些并不重要。重要的是青春过得是否精彩？没有青春的人生是不完整的人生，而我要完整的人生。

哭了很多次，不也是在哭过之后把眼泪都擦在袖子上然后重新爬起来吗？

被人背叛了，不还是先不停地咒骂那个人，然后自己顿悟，背叛，不就是代表着不合适吗？

我们都这样，在青春的旋涡中徘徊、难过、伤心。

珍惜青春，哪怕前面有怎样的困难。

青春，不能重返亦不能再来。我们只能在青春花开正艳时，珍惜。

不难，只是让你珍惜青春而已。这样在你的青春成为过去式的时候，你不会后悔。

你的青春，不是谁的青春。谁都没必要替你走青春，青春是自己的。

《小时代》里有这样一句话："夕阳的光线像是被风吹散一般迅速消失，正如同再也回不去的美好年华。那感觉，像是一个时代最后的剧终。"

珍惜青春，珍惜青春小时代。

让她久等的一双鞋

唐 威

妈妈生日那天,我想悄悄给她买份生日礼物。也不知道为什么,如果是给喜欢的女孩子买生日礼物,我一定是满心的欢喜与期待,可在给最亲近的人准备礼物时,感觉却是说不出的难为情。就像我会厚着脸皮将写好的情书送给喜欢的女生,却腼腆着不愿意把关于亲情的点滴记录呈现给妈妈看。

我想给她买双鞋,运动鞋。一是因为最近她总说那双凉鞋把她的脚磨得生疼,还有是因为……高三那年,妈妈陪读。有一天我在日记里偷偷写道:"妈妈的那双运动鞋已经很旧了,可她却一直舍不得换。等我挣到了第一笔工资,第一件事就是给她买一双鞋。"后来,妈说她当时翻看到了我的日记。我能想象出她收拾我书桌时不经意间看到我尚未藏好的日记,是怎样地激动与欣喜,又是怎样细心收藏好那份意外收获的小幸福而不让我察觉到。这样的幸福微不足道，却足以撑起她生命的半片天空。

高三暑假，我挣了一千块钱，而我却没有像一个男子汉那样兑现自己的承诺。或许我们都太容易忘记自己对自己许下的诺言。因为别人并不知情，而自己又并未在意。后来我安慰自己，这一千块钱不属于真正意义上的工资。看，我多会给自己找借口。而妈妈却笑着提醒了我："嗨，你不是说挣钱了要给妈妈买一双鞋吗？"那一刻，我仿佛听见了她深藏已久的期待化为泡影后心碎的声音。我像做错事的孩子，脸涨得通红，羞愧难当。我只好尴尬地朝她笑笑，什么也不好意思多说。而去年寒假里，我再去厂里上班，挣了几百块钱，全是崭新的二十元。在正月里，给了两个小外甥包了红包。我总是不能在拿到工资的第一时间里冲到专卖店里给她买一双鞋，再很爷们儿地跟她说："妈，拿着！你儿子给你买的！"我觉得自己很没出息。而她，虽然没说什么，可欲言又止的神情却扣动了我的心弦，让我窒息，被自责的苦涩吞噬。我知道，这不是一双鞋的事。我想这三年来她都没有买运动鞋是不是一直在等着给她儿子一次表现的机会呢？

今天，妈妈过生日了，这是我第一次在脑海中有种强烈的愿望要给她过一次生日。之前总觉得自己还小，不能给她准备一份贵重的生日礼物。有几次都还记不清生日到底是农历六月十六还是六月十三。就这么稀里糊涂，不曾在意过。

依稀记得那年,妈妈过生日。我好奇地问她:"妈妈,你今年几岁了呀?"她同时伸出两只手,每只手伸出三根手指头:"你说我几岁?"我不假思索地说:"妈妈,你今年六岁呀?"那时把妈妈笑得都伸不直腰了,而我还一个劲儿地追问:"是不是六岁了呀?"后来她就说我笨,而我真的就一直转不过弯来。直到晚上爸爸回家她把这事告诉爸爸时,我还以为她是六岁。那个问题一直困扰了我一天,因为我不知道他们为什么笑。后来妈妈告诉我,"傻儿子,你妈今年三十三岁啦!"是的,那年妈妈三十三岁,我十岁。而今年,如果我再问她同样的问题,她会不会同时伸出双手再伸出四根手指头逗我又让我猜呢?我真想这样,可我又不忍这样。因为时光把她的双手磨得粗糙,把她的笑容抹得清淡。时光无情地追赶着她,为了这个家,她也在拼命地奔跑,以至于跑坏了一双鞋,她都来不及换。是的,今年她四十四岁了,而我,二十一了。她总说我穿那件蓝得耀眼的外套好看,我问她为什么,她说那样你看上去还像个孩子。她害怕我长大,就像我害怕她衰老一样。

这次,妈妈生日,我早已下定决心要去给她买一双运动鞋,因为她的鞋柜里,少一份她期待已久的爱。而我,也不能让这份期待再等下去了,因为有些东西经不起等待。我也不会再那么没出息地让她一次次的期望落空。趁我们还在，趁我还有大好的时光陪在她身边，趁她还保留着那份记忆，我要让她得到这份迟到的幸福。

我去乔丹店里给她选了一双网球鞋。付完钱的那一刻，夏日里的风吹得人阵阵惬意，突然觉得一件纠结了很久的心事终于释怀。提着鞋回家，想着妈妈晚上看到这份礼物会是怎样的感受，心里又涌出些许的难为情。可能这些年为她做得太少太少，突然想为她做些什么的时候，连自己在感情上都无法适应。而我，却无条件地接受了她二十几年的关怀与宠爱。

晚上，妈妈下班了。我在厨房里做晚饭。妈妈走了进来，我淡淡地跟她说："妈，我给你买了一双鞋。"我没有笑，面无表情，却内心翻涌，我想极力掩饰住自己的难为情。而我却看见她浑浊的眼神突然明亮起来，眼角的鱼尾纹延伸着她眼中的喜悦，嘴角的笑容随之荡漾开来。可能太过突然，她都不知道该如何表现才好，她就将刚洗过的手在身上一遍一遍地擦，衣角都被擦得凌乱。她颤着声一遍遍地说："嗨，还要你给妈妈买礼物啊？"分明是惊喜，却又装得很随意，可装得又是那么不自然，那么惹人笑。那一刻，她分明就像一个初恋的女孩子，收到期待已久的心上人精心准备的信物，满脸的幸福，交织着甜蜜。时光似乎一下子把她带到了十年前的那一天，那天，也是在厨房，我问她的问题，让她笑起来像个天使。而我，却不忍再看下去。十年来，她儿子的生命渐渐明亮，而她的眼神却渐渐浑浊。我知道，这份喜悦，让她久等了。

晚饭，我们在平淡中进行。我努力地找着话题想缓解这份难为情，而她就在那一个劲儿地跟我笑提着往事。我们还聊起了那年我幼稚地回答她的问题。她说，从那以后，你数学就没好过。我呵呵地笑着，像是又和她回到了那段甜蜜温馨的幸福时光。那样的时光里，碎金般夺目的夕阳下她总会骑自行车接我回家，总会通过摸电视机后面的"大肚子"猜出我在家偷看电视了，总会告诉我长胖了以后就找不到媳妇了却会放几枚硬币在电视柜上让我买零食吃，总会在我考试没考好而不敢回家时焦急地走在大街上一遍遍地唤我的名字……那样的时光，柔软得像天上慵懒的白云，我多想躺在那般温暖的时光里永远不起身。栀子花般清香的岁月里，飘逸的，是爱的芬芳。

七月里的这一天，风清日朗，暖得那么煽情，让人眼眶湿润。我只是突然懂得，身边的人，其实更需要我们的爱和关心。有些开不了口的话，就用行动去表达。而想表达的爱，永远也不要太迟。他们或许不曾说过，可他们一定深情期待过。别再犹豫，因为爱你的人可能会等不及。或许只是给妈妈梳一次头发，或许只是给爸爸揉揉肩膀，又或许，晚饭后一起聊聊他们有过的青春以及这些年自己隐藏的小心事。趁着还有大好的时光陪在他们身边，就让我们多为他们做些什么，主动一点儿，毕竟亲人之间，没有什么不好意思的。

在这特殊的日子里，我只想跟妈妈说，妈妈，这十年的时光，我跟你聊过的心里话太少，却总会因为一点点小事跟你闹脾气，您会原谅我吗？妈妈，这十年的时光，让你承受了太多的起起伏伏，而我没能很快成长为一名男子汉，一路走来的艰辛没有我的分担您会怨责我吗？妈妈，这十年的时光，你给了我太多的期待，而我总没能如您所愿，您会在心里觉得自己的孩子不如别人家的孩子争气吗？妈妈，对不起，我想我不该这么问的，因为您是我妈妈，而您给我的爱就是给我最好的回答，您说是吗？

妈妈，今天是您生日，给您买的这双鞋，您还满意吗？

阳光灿烂的日子

夏洛克

初一开学的时候,我在纸上写满了"棋魂"二字。写了很多张,乐此不疲。于是我喜欢《棋魂》的消息传遍了全班,在那个彼此陌生的环境里居然搜罗到了几个好友。那时候只有老刘和邱邱喜欢《棋魂》,老刘还打印了一张《棋魂》的人物照给我,我高兴得涕泗横流。

其实我只看过《棋魂》第一集,光发现佐为的那一集。之所以喜欢《棋魂》是因为我觉得这两个字的组合太帅了,很有味道,所以当老刘、邱邱大谈阿光和亮的时候,我一头雾水。后来仍长久纠结于塔矢亮的发型。老刘是"动漫党",邱邱学围棋。

初二我狂恋《网球王子》,尤其是全国大赛篇看得我热血沸腾,并且热爱在最后两集一展实力的幸村精市。

上体育课，我、邱邱和老刘凑在一起，大谈"网王"。此时小茜也属于"动漫党"，四个人在某棵法桐树的斑驳影子下犯花痴。最专一的要数我和老刘了，都看完了所有TV版，包括剧场版。一节节的体育课就在这样的气氛中度过。

对老刘来说，想起幸村精市实在是太艰难了，她总是要想N久，才说，哦，就是那个生病的对吧。于是我对天长叹，怎么就不记住点儿好呢？你看看人幸村，多王者啊，霸气十足。

由于老刘总是钟情于小男孩儿，经常赢得我们白眼无数。她记得最清晰的是越前和远山。我就不明白了，两个年龄比我们都小的小孩子有啥值得喜欢的？最后我们一致得出结论：老刘有"恋童癖"！

当大家都为学业忙得焦头烂额的时候，我依旧热衷于收集关于"网王"的消息，邱邱在我的影响下开始喜欢网王，不过对她来说，学习可能要更重要一些。而老刘却彻底叛变，她抛弃了网王，开始看《死神》，并且以非人的速度在不到两个月的时间内看到了两百多集。我一直纳闷她哪里来的时间写作业。

初中的体育课，八百米成了我们的首要任务，拼死拼活跑完后瘫倒在地，几分钟后爬起来继续我们的话题，不过老刘开起了百家讲坛，只是给我们诸位宣传的是《死神》。

老刘有"恋童癖"再次被证实,她又看上了一个小家伙,名字巨长,重复多遍我也难以记住,后来经过一番训练终于记住好像叫"日番谷冬狮郎"。而我对《死神》的知识仅限于其中某人与幸村精市很像,而那人是谁我也忘了。

在对《死神》的憧憬中,我们迎来了体育中考。

体育中考过后,万恶的学校取消了体育课,对我们来说再没有大把大把的时间聊《死神》了,我们的座位也是七零八落的分布在全班各处。

虽然隔着千山万水,我还是在得知老刘再次"叛变"的消息之后翻山越岭找到老刘。老刘抛弃了《死神》。老刘一脸平和地说:"我现在爱上《火影忍者》了。"

那会儿是中考倒计时不到五十天,听到这句话,我的下巴差点儿掉到了桌子上。我拍拍老刘的肩,我说:"哥们儿,行啊,我力挺鼬,你慢慢看。"鼬是我从一本动漫杂志上看到,号称"火影十大悲情人物"之首,是很疼弟弟那种哥哥。然后我捡起我的下巴,回到位子上接着做二次函数。

邱邱退出了我们,并没有言语和仪式,但我们能感觉得到。最后的时间里她变得异常刻苦,我们也明白考不上一中就得交两万元人民币。看她下定决心好好学,我也自觉地不去打扰她。而老刘在家里看《火影忍者》,在学校里一副刻苦勤奋的样子,做完型,查词典。

我画着抛物线的时候想,其实我们一点儿也没有疏远不是?

老刘的空间定期更新,有时候长篇大论,有时候寥寥几行,有规律得好似火影的更新。我定期看她的日志,写三百多字的评论。有时候她会回,我们就在空间上聊天,放着在线的QQ不用。

邱邱时常在线,状态却是"不是我",后来得知是她表哥。小茜一上线就请勿打扰,我也只好不吭声。其实都没我严重,我一上线就隐身,从来都是。

轰轰烈烈的中考碾压着我们疲惫的身体过去了。

中考一结束,就失去了和邱邱的联系,依旧是"不是我"的在线。老刘收拾行李去了北京,学新东方。我重温网王,逛动漫店,读《名侦探柯南》小说。小茜则开工,做她热爱的cosplay(角色扮演),虽然她爸妈反对,但她还是决定咬碎牙坚持下去。多少是因为当年我给她灌输了"人应该为自己喜欢的东西活着"的理念。

老刘从北京回来,都表示联系不上邱邱。那时中考成绩快下来了,老刘宣传了新东方Hou的名言:When you see a girl, be a man!但我们还是觉得最原始版的"be a man"比较来劲儿。

第二天我们念叨着"be a man"守在电话旁等待九点半。九点半以后就可以查成绩了，我们查了邱邱的成绩，我还清楚的记着她的准考证号。然后小茜查了，老刘查了，我也查了。成绩一目了然。谁也没说话。

邱邱和老刘距离一中分数线都差那么五六分。两万元。我超了分数线三十分，那是我考得最好的一次，全市前十。而小茜就没准备上一中，她早已被四中录取，那里有个空乘班，不枉小茜一米七二的身高。

去一中报到的时候见到了很久没见的邱邱，一问才知道她上衔接班呢。那天因为衔接班下课晚她来得很晚，交了钱匆匆地走了。留我、小茜和老刘面面相觑。

报到结束我们去吃饭，老刘请客，在味千拉面。店里放的诡异音乐让我发冷。我点的番茄肥牛面，番茄味道太诡异了，我受不了，就和老刘换了鳗鱼便饭，谁知她的便饭还炒煳了。小茜把她的鸭肉分给我们。那天聊了很多。老刘说了"火影"，说了我爱罗，我条件反射般地问："年龄不大吧？"老刘说她喜欢上一个男老师，长发的三十多岁北京爷们儿。小茜惊讶。我说："唉，我喜欢的都四十岁了，从小学武，很像龙爷。"龙爷是我对李小龙先生的称呼。小茜越发惊讶。

其实她应该懂，看少年动漫的一大后果就是看不上周围同龄的不帅又没范儿的男生。

小茜说她做cosplay已经搭进去了两千多,最近手头紧,可是还要接着出。她说了一些,大多是与cosplay有关,比如次日要去酒店的总统套房拍,找了关系还要三百多,比如她爸妈还不知道她现在做什么,要不然一定非常生气,比如她很快乐,因为她所做的,自己热爱。

我说真好,大家都在为自己的梦想努力,我还不知道我的梦想在哪里。

出了味千,三个身高至少超过一米七的准毕业生在街上逛,走到十字路口的时候,却没有去同一个方向。老刘往北,小茜朝南,我还要接着往前走。

高中分班我们四个很荣幸地流落四方了,是啊,二十个班,概率太小了,小到我都懒得算了。

小茜见了我一次,戴着她的假发,金黄色的。我的下巴险些再次掉下来。她塞给我两包奥利奥,只是因为我曾经说过我最喜欢的就是奥利奥了。然后给我一个大大的拥抱。

与老刘的联系也一直没断,她还是伴随着"火影"的更新而更新日志,像我一样喜欢鼬,期待不断成长的鸣人。她从大理回来的时候,特意给我们买了很有风情的手链做礼物。

尽管衔接班很忙,邱邱还是忙里偷闲来找我,那时我晚上在广场上学太极拳。她给我一个网王的毛巾毯,是上次我们在动漫店看到的。她淡淡地说,没有幸村精市的。

我接过来仔细看，抬头正准备问她最近怎么样，她却先说，我走了。我呆呆地点点头，她转身走了。等到她的背影消失在我的视线里，手机收到了邱邱的短信："我们一直都是好朋友，对吧？"我握着手机回复："嗯，一直都是。"然后转发给小茜和老刘。

却是从那时候开始，我觉得，我们好像很近，又好像很远。很矛盾的感觉，又那么真实。

从网上看到9月3日《网球王子》剧场版上映。应该不久网络上就会有资源了吧。忽然就很想给邱邱、小茜、老刘打电话，喂，周末上我家来咱一起看吧。犹豫了很久，终于没按下拨号键。上了高中，我非常想他们，在同一个楼然而碰面的可能性却小得像我们分在同一个班的概率。

通过我的人脉关系也打探到了关于她们的消息，都很努力，都在努力。我忽然觉得，我没有理由去打扰她们了，不是吗？等到网络上有"网王"剧场版资源的时候军训要结束了吧，要开始忙碌而辛苦的高中生活了吧。会暂时放下一切和动漫有关的事了吧？

放得下动漫，能放得下我们的三年吗？

闭上眼，想起那些时光，那些云淡风轻的下午、周一、周四；那些因为动漫而不断的花痴，《棋魂》《网球王子》《死神》《火影忍者》；那些我们分不清的日语发音，搜啦、嘎啦、忒斯卡，都化身沉睡在我们心底的记忆。连同那些阳光灿烂的日子。

下辈子，还要见

小妖寂寂

甘小二是在它十三岁这年病逝的。那一天，我没有赶回去见它最后一面。

其实只是一只很普通的猫咪，可妈妈偏要说它是我们家的一员，是我的妹妹，还给它起了个名字叫甘小二。我不喜欢它，哪怕我们相处了十三年。

它住进宠物医院的时候，妈妈给我打电话说它得的病是肾衰竭加并发症。

医生说甘小二的年纪太大了，恐怕这次过不了这道坎。我的心瞬间有点儿下沉，但下一秒妈妈的话让我全身的血液沸腾了起来，她居然请了一个星期的假来陪甘小二！我承认我再次妒火中烧了，没错，我在嫉妒一只猫。

我四岁的那年它来到我们家，那时候的它刚出生不久，妈妈喜欢小动物，从亲戚家抱回了它。据说它当年楚楚动人,就一眼,便俘虏了我那母爱泛滥的妈。

从我记事开始,我这个甘老大就在与甘小二争宠。小时候我和它争夺妈妈温暖的怀抱,长大后我就嫉妒它永远是一个小动物的模样,可以一直享受她的爱。妈妈带它去散步,买最好的猫粮给它吃,帮它洗澡还有梳理毛发,允许它爬上床和自己睡,每天下班回到家的第一件事就是把它抱起来亲一口……妈妈对甘小二的态度,我是看在眼里恨在心上,我无法忍受它在这个家得到的待遇和我一样甚至比我还要高。

当然了,甘小二并不明白我对它的这种复杂感情,它除了喜欢黏着妈妈之外,也喜欢往我身边凑。在妈妈面前,我也是会亲昵地摸摸它的头,偶尔抱起来虚伪地说上一句"姐姐爱你噢"等诸如此类口不对心的话。

后来上中学后,我开始住校,我把整个妈妈留给了甘小二。不知它有没有感激我。

每次我打电话回家,总是能听见妈妈在不厌其烦地提起它,如果换了是别人,一定会以为她口中的甘小二是她的小女儿。妈妈说到甘小二时的语气永远是宠溺而欢欣的,让电话这端的我心里酸酸的,我没有办法理解她对那只猫的感情,正如她从来都不知道我其实并不喜欢甘小二一样。

我虽不喜欢它,却已深深地习惯了它的存在。只可惜直到等它真正离去时,我才明白过来。是的,它终究是没挨过这一关。它从此永永远远地消失了。

　　妈妈说，那天的甘小二出奇地乖，仿佛也知道自己大限将至，安静地躺在病床上打点滴，头歪到一边，目光注视着门口。它已经很累了，可是它还一直睁着那双已失去光彩的眼睛，痴痴地望着门口处。它在等我，它在等我这个姐姐。

　　等啊等啊等啊……天快要黑了的时候，它终究是闭上了眼睛。

　　甘小二闭了眼，天就黑了。可是天黑了，我也没有回来。家里再也没有它的身影，我想起以前周末我回家，它总是欣喜异常地绕着我走来走去，我坐下来后它便往我身上蹭。可我却总是不耐烦地用脚去踢开它，用手推开它。听说每次我回家前的电话，妈妈都会免提让它听我的声音，然后它就会安静地趴在门口边上等我。一等就是几个小时。听说冬天的时候它也在门口迎着冷风等我。

　　我从来没有想过甘小二有一天会离开，我从来不知道一只猫的寿命最多只有十几年。

　　它离开了之后，我忽然发觉我开始想念它。妈妈收藏着许多它的照片，四五岁的我和它抱在一起在地上打滚，在嬉戏欢笑，原来我们曾经也如此亲密过。

　　照片上的甘小二近在咫尺，可是我再也触摸不到它柔软的身子，再也见不到它了。在我离开家的日子，它代替我陪伴了妈妈那么多个日日夜夜，以后谁来陪她呢？以后谁来翘首期盼等着我回家呢？十三年了，我终于意识到其实甘小二那么重要，它守护我的成长，我却一意孤行忽略了它的逐渐苍老。

在这迟来的光阴里，我终于觉得我失去了一位亲人，眼泪掉落下来，心开始疼。

甘小二，这辈子算我亏欠你的，下辈子，记得再见。

此处无言

小 泽

中考终于结束了,在家慵懒了几日。下午老妈来到我的卧室,指着书桌上乱糟糟的一摊书催促我赶紧收拾了,并说只把课本留下来给妹妹上初中时预习用,其他的全部处理掉。

斜晖缕缕从窗外射入,映照在堆满书的书桌上,空气中飘飞的尘土在金光中盘旋,上下舞动。屋内采光不好,除了倚在窗前的书桌上还有些光亮,其余角落就只能看到些许朦胧的轮廓了,似乎只有那些书才有资格在阳光中闪耀。我走上前去,书上已蒙上一层灰,用手在书上一抹,便是一手的灰尘。"堂堂好学生,竟然忍心让书萎靡于尘埃中,真是惭愧。"我自嘲道。

然后开始收拾,一座又一座的小书山还挺让人无从下手的。我站着思索收拾方案,随意地扫视这些有点儿陈旧的书，书角破的破、烂的烂、折的折。顺手翻开一本，课上做的笔记、偷偷画的武侠英雄，还有那歪歪斜斜的略显幼稚的字映入眼帘，带着不经意间流逝的初中时光勾起了几乎被遗失的记忆。不禁用手抚摸着因我不爱惜而留下道道折痕的书脊，仿佛是在触摸曾经酸甜苦辣、苦乐交织的日子——同桌那温柔的笑容、老师在黑板上写下的烦琐公式、深夜灯影里的奋笔疾书，像电影花絮般一幕幕在脑海中上演。我忽而有些不舍了。

　　是的，我以前十分憎恶课本，恨它们似一座围城让我深陷其中，失去自由。可毕竟它们又是我三年苦读的沉淀啊。每一本书里都有我的故事和奋斗的汗水。大堆的练习册里有各类题型的精华，其中不乏一些开始让我头疼不已但柳暗花明之后豁然开朗的"钉子题"，如今想来它们真令人又爱又恨。也因为它们难，迫使一向自傲的我低头与同学讨论，收获的不仅是知识，更是纯真的友谊。

　　无意间看到一本书，然后"扑哧"一声开心地笑了。那是刚升入初三时同桌忘记带书不得不与我合看的那本。当时谁也不认识谁，同学间话语很少。同桌长得很可爱，可爱得使我羞于和她说话。她没书，只好一点儿一点儿挪过身子来和我一块儿看。我脸上没什么表情，心里却早已乐开了花。那节课老师讲得未必最生动，我却听得最幸福。还有一本小书，记录了我和挚友侦的好多悄悄话。上课时无聊，便写点儿什么在书的空白处，然后一本正经地托同学帮忙递给侦,他看完后多会有所感触,然后再写到书上,传回我手里。严肃的课堂上搞这些小聪明,甭提多刺激了。

　　可这些,真的都要扔了吗?我懂,扔掉关于记忆的东西,并不意味着忘却和背叛过去。过去的一切曾经鲜活明亮地存在于我的生命旅途中,我相信那些美好的时光经受得住光阴筛的一次次筛选。但我仍不舍,只学了三年而已,就堆起了足有一人多高的书堆,这样扔了,未免太可惜了吧?此刻我真想大呼一句:此等教育简直是太浪费了!我不甘让充满知识精华的书籍被糟蹋,遂询问老妈:"把书捐给山区行吗?"结果是惨遭拒绝。在家里,我没有民主权利,更不能反驳,只好哀叹一声,乖乖动手收拾。哦,我亲爱的伙计们,也许,这就是你们的宿命,得说"拜拜"了,尽管我抱有十二万分的不情愿。但愿收废品的人会有个爱学习的小孩儿吧!

　　渐近黄昏,夕阳收起它最后一缕余晖,屋子里彻底昏暗了。那些书,褪去金光的书,无言的书,在黑暗中静默着,任时光与空气一点点凝结。冷风徐徐吹来,翻动了书页,是你们在挥手告别吗?

　　我打开日光灯,灯光漂白了四壁。灯下,是一堆惨白的书卷……

时光,请让我成为一颗琥珀

侑 语

1. 有些事现在不做,以后也不会做

萌发汇款买《中学生博览》七月合刊大礼包的想法是一时兴起,连续十天的纠结几乎将我的耐性舔舐得干干净净,真正让我坚持跑五趟邮局排两小时队的,是一个姐姐对我说的话——"有些事现在不做,以后也不会做。"

诚然,作为一只喜欢栖息于家中的懒熊,对所谓的青春也是有过那么点儿遗憾的,而这遗憾除了用迈开腿跑邮局一事弥补之外我找不出其他方式修复这个裂口。可见,不管你是熊,还是人,活着总要做点儿蠢事才不算白活。

2. 一块一的好人

"手续费四块一毛。"柜台里面的姐姐向我伸出手，脸上不悲不喜。

"额，我只有三块钱，不好意思我是第一次来邮局汇款，怎么有手续费？"言罢，我有点儿泄气，排了那么久的队，可能得等明天重新排了。还未叹气，死皮赖脸的毛病发作："伯伯，你几号来着？还得等会儿吧？可以借我一块一吗？我家不远，踩单车回来马上还你！"邻近的老人神色戒备，推脱说"快到了"。心里有点儿不舒服，再向旁边的人借，不多久，一个和爸爸差不多年龄的男人声音洪亮地喊："我给你吧，不用还了。"

听到声音那一瞬间，我有点儿恍惚，仿佛是在医院照顾爷爷的爸爸的声音。

醒过来赶紧回应："我会还钱的，我家不远！"汇完钱，向陌生人道谢，叮嘱他别走，脚踏板转得极快，有生以来第一次为不认识的人用尽力气飞奔。回到邮局，他还是走了。找了好一会儿，才放弃。

我对朋友说他是好人，我是陌生人他还肯借。朋友回了一句："你的好人太廉价了吧！"

我没告诉她之前那位老人，所以她不懂那种抓到救命稻草的感动。至于廉不廉价，各有各的看法。

3. 高考是把菜刀，砍去一堆人，推走一堆人，只要是人就受伤

表哥发了一条说说，大意是丢了准考证，不能上大学了。

准考证不可能消失，又不是人为毁坏，劝他再找找，可他说，准考证是他扔的，他知道。

做发小这么多年，从来没有见表哥颓废过。他是优等生，成绩那么好，又考上了重点中学，结果却还是败在成绩上，败给了高考。然而此时还不知道成绩，还不知道是否有解决的办法，他却已经做好复读的打算。

当一座山堵在你面前，即便你明白山外有山，如今的视野里也只有那座山。

有些害怕高考的到来，有些迷茫，高考给予我们的，只有伤痛和绝望，为什么要继续呢？有人说，没有高考的青春不完整。是的，缺了结尾的故事，不完整。为什么非要经历一场伤痛才能说长大？我有好多好多问题想问，却没有人回答。

4. 时光，我希望你让我成为一颗琥珀

晚上给朋友发信息说点儿放轻松之类的话，回过来的

信息说她的理综不怎么样，明天一定要考好数学。

两年前，恰逢中考时期，厌学情绪、紧绷的神经、没完没了的雨，构成我在初中最后的回忆。如果那时有个朋友发信息对我说早点儿睡别紧张，我一定感动得不得了，会不会考试的时候不那么慌慌张张？会不会考完后不必假装自信地对爸爸笑？

如果可以的话，我希望我能给那些正在经历中考的孩子一份温暖。

失败过一次，迷茫过一年，我希望年岁渐长带来的不只是青春痘，还有一层金黄色的外衣，裹住脆弱的容易迷失的心，伪装成琥珀，勇敢，坚不可摧。

那些年我们一起追过的小高考科目老师

月小半

走出小高考考场的那一刻,我叹口气说,终于可以丢掉四门功课了。可是,我的心情真的没有想象的轻松,取而代之的反而是一种失落和不舍。我也说不出为什么。

大抵有些东西真的要失去以后才懂得珍惜。

永远亲爱的国军

"讲话的人注意啦,讲到第四条啦。"每次国军这么说着,全班都会爆发出一阵哄笑。"哎,讲话的人把音量调小一点儿。我现在都是和你商议着啊,也请你们不要发出声音,毕竟那样太不人道啦!"国军每次都以他哲学性的语言和我们商量着。

其实上学期我对国军并没有太多的印象,只记得他是一个兢兢业业的人，偶尔也带着点儿冷幽默，打比方的时候总喜欢用火腿肠，也总喜欢和我们讨论抢银行之类的事。可能下学期因为是班长又坐在第一排的缘故，我和国军才得以渐渐熟络起来。他总喜欢向我借红笔，喜欢让我帮他跑腿，喜欢让我帮他管纪律。

我一直以为他是不知道我名字的，但那次上课时却着实把我吓了一跳。他拿着模拟考试的试卷在前面绘声绘色地讲着，我迫不及待地想知道对错就昂起头看他试卷背面写的答案。他冷不丁地冒出一句："张函，看你自己的试卷。"那一刻，我的表情有错愕，有惊喜，有羞愧，也就是从那一刻起我决心要好好学政治。

就在小高考前，国军还因为家里有事而"罢课"了好几天。那天，他让老班喊我接电话时又喊了我名字，仔细地嘱咐我这几天上课的内容。我顿时便有种想哭的冲动，为他小高考之前的缺席，为他的勤恳，为他记得我的名字。嗯哼，我想全班也应该不会忘了他过年时送我们的一副对联："考试全通过，A级滚滚来。"

再见了，我亲爱的政治老师。

永远可爱的"化肥"

"怎么还在睡啊，好，起来啦！"我们的化学课很多都是午休后的第一节课，所以"化肥"每次来我们班上课时都会说这么一句话。至于发展到如果某一天她来时没有说这句话，全班或许一整节都不醒的地步。

化肥，就是教化学的小肥肥喽。我记得我上高一的时候，第一次看见她的时候便有一种很亲切的感觉。原来我在老师中也可以找到一个和我一样的胖子啊。高二，她出任我们化学老师的角色，我觉得多少是有种缘分的存在。

她经常给我们讲她的学生时代，讲她上高中的时候也是自己很辛苦地走过来的，讲她大学食堂里的菜有多难吃，讲她大学时代见过的各种稀奇古怪的作弊方式。每当这个时候，全班都很安静。她有时候不像一个老师，反而像一个故事大王，每天都在和我们一起分享，一起成长。都说胖女孩儿都有故事，就像我和她，我们都是有故事的，所以我们才能在和别人分享时获得那么一刻的愉悦，不那么自卑。

化肥很多时候都是担心我们的，即使是在最后的模拟考试时，我们班还是有那么多的人不合格。但至少很感谢她陪我们直到最后，一起到达终点。她也恨不得将我们每一个人都推过终点线，而不想我们在快到终点时停下脚步。但一切好像又都结束了，她将我们送到终点后任务就完成了，只剩下我们独自留在终点感伤。

再见了，我亲爱的化学老师。

永远被爱的红兵

我从心里并不是喜欢或许迷恋红兵，也可能是因为开学前几天发生的事所以我对他只是有深深的畏惧而已。那天他说物理考A很简单，我在下面浅浅地说了句："放屁。"结果很不幸地被他听见了。于是我便逃脱不了去办公室挨训的命运。从此以后我便踏上了一条上物理课时夹着尾巴做人的不归路。怪只怪我的年少轻狂，还有欠他的那句对不起。

班上的女生几乎一致病态地认为红兵兄长得很帅，但是我却怎么也观察不出来，我对他印象最深刻的便是他脸上那两坨"高原红"，有什么好喜欢的？她们说是因为我对他有偏见的原因。好吧，我暂且这么承认。

其实我有时候还是蛮喜欢他给我们讲人生大道理时脸上邪邪的笑的。他总会说，一个人可以不成材，但是却必须要成人。他还说，一个人如果活在世界上没有了追求，那他的人生就注定不会成功，即使他每天活在对明天的追赶中也是徒劳。

记得那次我去四楼办公室找数学老师，他正好也坐在办公室里。当时我急急地把头低下去，害怕撞上他那如炬的目光。当我最后要走出办公室的时候，他叫住了我，布置了一些任务。当时我心里被满满的感动填塞着，遮挡住了我的愧疚。对不起,我在心里认真地说。

再见了,我亲爱的物理老师。

永远有爱的岭哥、俊才哥

岭哥高一就是我们的生物老师,所以高二当我满怀期待地等候新老师时,看他推门进来的那一刻我有点儿小失望。我和Q高一时便是他的眼中钉,上课分神、读书课讲话,他为此不知道给我们抛来多少白眼。高二第一节读书课,我和Q依旧恶习不改,被他狠狠地进行了一番思想教育。

可能他高一就认识我的原因,也可能是我身为班长的原因,他对我盯得那是相当紧,导致我有一段时间三十五道选择题错超过五题便会陷入深深的自责中。我也许应该谢谢他,我的生物也是他一点点挽救的。

后来因为种种原因,岭哥不再教我们班,俊才哥开始接手我们班,从他进班的那一刻起,Q便疯狂地迷恋上了他的身高。当时他的严厉是年级里出了名的,他的教学水平也是年级里出了名的。俊才哥最喜欢把人喊到讲台前背书,背不出来就来一顿"竹笋炒肉丝"。以致后来他带着棍子进班的时候,我的整个背就开始冒冷汗。但是,他倒是教给了我们许多解题技巧和许多我们以前总是弄不明白的知识。所以,全班人对他还是怀着一份敬爱之心的。

再见了，我亲爱的生物老师。

尾　声

　　那些年错过的大雨，那些年教过我的老师，好想告诉你，告诉你我没有忘记。曾经想征服全世界，到头来回首才发现，帮我提高成绩的全部都是你。

　　全部都是你！

抬头看着我微笑

没什么，只有天空

暖 夏

据说陶西在还没有明白"狂狷"这个词是什么意思的年纪时，就已经学会用眼睛看天了。那时候小朋友们规矩地排成两排，手牵手往幼儿园门口走。其他的小孩儿都垂着眉毛看地上的蚂蚁，只有陶西抬着头看天。

陶西的牵手搭档蓝小鹿曾经问陶西到底在看什么，陶西回答她说："没什么，只有天空。"

那年他们只有四岁，还不懂什么叫寂寞。

通常来说，一个人的生长轨迹是很难用肉眼来追踪的。哪怕用文字、语言甚至是影像的方式记录下来，却也终将被时间催朽。

可是，幼年时期的蓝小鹿却以难以置信的毅力记录着邻居陶西的一举一动。

因为在那句"没什么,只有天空"的回答之后,她突然没有理由地坚信,眼前这个头发软软口气却漫不经心的小小孩儿,长大之后一定会是个了不起的人。

从那之后,漫长的十三年里,蓝小鹿站在时光身旁,捧着日记本,看着那个只有小树桩那么高的陶西,一点儿一点儿地长成了十七岁的少年模样。

课间操解散后,蓝小鹿艰难横穿过几个班的人流,找到了还在打哈欠的陶西。就像所有叛逆期的男生一样,陶西总把校服拉链拉到一半,露出里面的白色T恤,学生证也从不规矩地戴在胸前,斜卡在胳膊的位置或者干脆弄丢,遇到学生会的盘查就装糊涂地打哈哈,趁检查人员犯迷糊的时候赶紧溜走。

看上去像个再普通不过的高中少年,却莫名其妙地变成了蓝小鹿"数十年如一日观察人类项目"中的重要科研对象。正如往常一样,他顺着人流往教学楼走去,虚望着楼层顶端,又或者是更高远的地方。

她从后面拍了一下男生,预计是要拍到男生的脑袋,可因为身高在升入高中后迅速拉开差距,最后也只能勉强够到男生肩膀的位置。

"猜我昨晚收拾房间的时候找到了什么?"

男生似乎没什么回答的意愿,拉扯一下被女生拍乱的校服,很没诚意地回答道:"哆啦A梦的抽屉?"

"咦,这么说来也很形象嘛,看!"蓝小鹿从口袋里掏出一把钥匙,那是一把很小很陈旧的钥匙,上面锈迹斑斑,带着沉重的时光味道,陶西甚至怀疑它是否还能打开这个时空里的任何一把锁。

"是百宝箱的钥匙啊。陶西你还记不记得我们六年级时在四合院里埋下的那个百宝箱,说长大后再回去时,它就会变成无尽的宝藏?"

陶西努力地想了想,说:"不记得了。"

"就知道你会这么说啦,你根本就连我的生日都记不住,掐指一算我们都已经认识十三年了啊。反正我不管,周日是我生日,你要和我一起去取百宝箱。"

"那里面最多也只有弹珠和方便面卡片之类的东西吧?"男生小声地抱怨,看到蓝小鹿射来的怨毒目光,只好举手投降,"我知道啦。"

"这还差不多。对了,你们班的文理表发了吗?你们班主任找你谈话没?"

"发了。谈过。"

"你怎么决定的?学理?"

"还没决定。"

这时候,陶西班里的一个男生从后面追上来,捶了他肩膀一下,说道:"嘿!中午打球不?"

"考虑考虑。"

此话一出,男同学和蓝小鹿都奇怪地"咦"了一声,熟悉陶西的都知道他嗜球如命,哪怕不吃饭不睡觉也不能不打球,这种消极回应的态度实属罕见。

"下节要小测,我先回了。"陶西摆摆手,给众人留下一个迅速离去的背影。

这个人总是这样,从小到大,心情不愉快时从不会说出口,做得最多的,恐怕就是长久地看着天空,想着自己的心事。

蓝小鹿喊住陶西时,他似乎在找什么东西,几本书混乱地摊在桌上,隐约可以看到语文课本上恶搞的"杜甫很忙"的头像。

"借物理书一用,我昨晚用完忘记装进书包了。"

坐在教室里找东西的陶西甚至没起身,直接从书包里抽出物理课本,扔给站在后门的蓝小鹿。

蓝小鹿稳稳接住,对他说:"谢啦。不过你在找什么啊?"

"没什么。"男生弯下腰去掏桌洞,可里面除了几本杂志和一个钱包之外,什么也没有,"只是一份表格而已。"

"什么表格?文理分科表?"

"……差不多吧。"模棱两可的回答。

"嗯,快上课了,那我先回去了。"

"拜。"陶西自始至终都没回过头。

等到上课时,蓝小鹿终于知道他那么焦急到底在找什么了——一份篮球特招申请表稳稳当当地夹在陶西的物理课本里。

蓝小鹿的笔尖落在那份填写完整的表格上，有些惊诧：这家伙是认真的吗？

高二已经到了选择人生的时刻，哪怕身在准文科班里的蓝小鹿也能感受到那份压力。每个人都面临着不同的选择，学文学理，又或者是文兼艺、理兼艺、艺术生、体育特长生，只不过爱好画画的蓝小鹿早在高一时就因老妈威胁"你要胆敢报美术生就和你断绝母女关系"而早早退出了追求艺术人生的行列，每天规规矩矩地念书，只是偶尔路过画室看到里面的学生满身颜料目光沉静时，心里有点儿小小的落寞罢了。

而陶西的爸妈都是名牌大学的教授，家族荣耀史在那儿摆着，是断然不会同意他去当体育特长生的，陶西这是要先斩后奏啊。

下课时蓝小鹿去找陶西，他的桌子还停留在上个课间的凌乱状态。

"嗯，表格找到了没？"

"……还没。"

"呃，其实……它夹在物理书里。"

"哦……"

"陶西你——"

"蓝小鹿你不画画会不会难受？"

"当……当然会啊！可已经高二了啊，还是学业更重要不是吗？"

陶西看了她一眼，收过物理书，不再说话。

蓝小鹿许多话堵在嗓子眼，可被陶西看了那一眼之后，就什么也说不出来，最终只是憋出来一句："周日我生日，别忘了。"

少年的那个眼神，包含着梦想与不甘。他有他倔强的道路要走，哪怕是烈火烧杀，谁能阻止得了他呢？

总觉得陶西会放她鸽子，离见面还有十五分钟时，蓝小鹿就开始频繁查看手机。还好那辆庞大缓慢好似龙猫的30路车在上坡处一个别扭的刹车之后，陶西从后车门跳了下来。

"你来啦。"蓝小鹿如释重负。

"嗯，走吧。"他随手把一顶毛绒球线帽扣在蓝小鹿头上，"生日礼物。"

"其实有个很糟糕的坏消息，刚刚我去查看了一下，那家四合院……好像被拆了。"

自小学毕业后，蓝小鹿和陶西都从那家四合院搬走了，五六年都没再回来，总说物是人非，没想到老房子也会变迁。

房子太老了，终究也会死去。

"啊？那就走吧。"陶西相当不恋战。

"别啊！我们可以去问问，说不定还能找到百宝箱啊，我记得我用了个好结实的盒子，不会轻易腐烂掉的。"

"好吧，随你。"

攀爬着爬山虎的墙体已经被推土机推倒，房屋也都被卸去了玻璃，透过空荡荡的门框和窗框尚能看到泛黄墙壁上贴着的日历。蓝小鹿恍惚觉得，时间已经永远地停滞在许多年前的夏季，墙上挂着没来得及翻页的日历，上面勾画着动画播出的时间，蓝小鹿和陶西坐在沙发上看着《灌篮高手》广告的时候，蓝小鹿跑去拿冰镇西瓜，回来时看见陶西坐在靠窗的位置上，抬头看着天空。

蓝小鹿突然问了一句："《灌篮高手》是从1998年开始热播的吧？"

陶西愣了一下，点点头说："好像是。"

"那之后，你就疯狂地喜欢上了篮球啊。"

那年夏天之后，个头矮小的陶西就开始混迹于满是初中生甚至高中生的篮球场上。那年头全是被《灌篮高手》带起来的热血小子，成天念叨着樱木花道或者三井寿的豪言壮志，一旦身在球场，就好像被宫城良田附身，投球之后冷酷地回身，竖起食指，喊道："再来一球。"

蓝小鹿隐约记得自己把盒子埋在一棵槐树底下，可树已经被移植走了，只有一架庞大可怕的推土机立在失去围墙保护的院子里。

蓝小鹿犹豫一阵，还是跑去问临时搭建起来的移动房屋里的工人。几个打牌的工人略想一下，说前几天搬树时似乎挖出来一个盒子，因为外表精致，就没有扔掉。其中一位从满是啤酒瓶子的地面上翻了一阵，找出一个盒子。

蓝小鹿嗓子里迸出一声欢乐的喊叫："就是它！"

把钥匙插进锁眼时蓝小鹿竟有些紧张，就好像在打开真的宝藏一样，这是时光的宝藏，通过这枚钥匙，他们将回到那个灼热的夏季。

为了转移紧张感，蓝小鹿随口问道："最后你交了那张体育特招的表？"

陶西说："没有。"

蓝小鹿一愣，"咔嗒"一声，盒子弹开一个狭小的缝隙，逸出灰尘和光。

"为什么？"

陶西没有回答她，而是打开盒子，拿起里面的东西。

盒子中间有个夹层，左边是一个透明盒子，右边是一个瓶子。

蓝小鹿看着透明盒子，表情垮了下来，她说："欸？如果我没记错的话，这是传说中的3.5英寸软盘吧？现在还有电脑认这种东西吗？"

软盘上贴着的标签早已泛黄，可幼稚的字迹还能辨认："存档，陶西观察日记，18-22。"

陶西看了一眼，说："软盘已经潮了，不能用了。"

蓝小鹿并不泄气，转而拿起瓶子，拔开塞子，抽出卷成筒的两张纸。

"这是许愿瓶吧，我真的不记得当时许了什么愿望了啊，陶西，你还记得吗？"

陶西不说话。

蓝小鹿展开一张，上面写着：蓝小鹿要成为井上雄彦那样伟大的漫画家，那样就可以画出陶西的故事了。

再打开一张，上面的字迹模糊，但一笔一画仍可辨别，那是少年最初的梦想，也是最伟大的梦想：成为樱木花道那样的篮球运动员。

笨蛋，"篮球"的"篮"写错了啊。

可蓝小鹿一点儿也笑不出来。

她永远也成为不了伟大的漫画家，就像在最后一刻放弃篮球的陶西一样，那个执着的小小勇士陶西，也永远成为不了伟大的篮球运动员了。

就像她再也看不到3.5英寸软盘里的回忆，那枚钥匙，也终于不能带领他们回到过去的时光。

"下午是不是还有辅导？我们回去吧。"陶西在旁边波澜不惊地说。

蓝小鹿仰起头，看见十年不变的天空。

她好像听见年少的陶西在用无所谓的口气说，没什么，只有天空。

抬头看着我微笑

微 光

1

马蹄爽先生,其实我很不想把你公之于众,让别人共同来分享你的美好。毕竟我们之间除了那些细细碎碎的感动什么都没有,我想骄傲地把你的温柔刻进我的人生,一辈子。

只是当我们擦过无数次肩却还是缄默不语时,我就明白,有些人,仅仅只用来怀念。我不知道你一个堂堂大男生会不会忽然心血来潮地翻起女生杂志,会不会忽然就瞥见我这篇矫情的文章,然后皱起眉头,脑海闪过无数个可能。

那些可能里有没有我呢?我不知道,也不敢知道,你那么多女生朋友中，我会在哪个角落？

现在，只要我从五楼的栏杆往下望，就能看到你和一群男生嬉闹的场面。天气转凉了，你早早穿上了长袖，贴着瘦弱的身子。你依然穿着那双我喜欢的褐紫色的球鞋，跑起来轻盈飞快。你的头发又长了，像顶着一堆杂草，杂草下边是一双小眼睛，密密麻麻的胡子，笑起来有种属于大人的成熟感。当然，最醒目的还是你那堪比女生的白皮肤。我记得我曾经笑你说是小白脸，你佯装发怒，眼睛瞪得滚圆。其实我知道，你有着从不会生气的好脾气。

看，我把你夸得多么耀眼。你会不会不可置信？毕竟我那么爱损你，爱叫你大叔，爱叫你小白脸，爱叫你马蹄爽。

我给你起过无数个外号，但在我心里就只有一个专属于我的你：灰太狼先生。

记得吗？你曾经评论我的好友印象，说我又娇气又泼辣，你还说，我就是不折不扣的美羊羊小姐。

灰太狼和美羊羊，不是一对啊？

没错。事实上，我只是在抱着不可能的心态暗恋你，我宁愿做你的餐中美味，让你享受美好欢乐，也不愿意勇敢走出来，说我喜欢你。

你总是说我显得太过于自信，但你不懂，在喜欢的人面前，我只剩卑微。

2

一开始,我很讨厌你。你总是在班上发出很大的响声引起众人的注意。每次我一回头,就能看到你和最后一排的男生笑得前俯后仰。

那个时候刚开学,面对那么多陌生的同学我觉得很不自在,所以对你的调侃莫名地心烦。我跟同桌阿琼说,我很讨厌那个叫阿T的人。

阿T是我不愿提及你时用的代号。

然而阿琼却极花痴地说了一句话:"我觉得他不错啊。"

我愣了愣,下意识地扭头盯着你的脸,想从中探究出阿琼口中所谓"不错"的原因,没想到一下子就被你发现,你冲我挤眉弄眼一番,我鄙夷地"喊"了一声,扭头看我的圣贤书。

日子一长,熟络的同学多了,我体内的疯劲儿也迸发了,我和阿琼成天打得要死要活,但体育课依然手牵手拎几包零食到班里喜滋滋地狂啃。每次你打球回来,就会惊叹我和阿琼的无敌食量。再后来,我发觉我渐渐不再在意你的调侃和嬉闹,我们慢慢玩到了一块儿。你会在我走过你面前时笑嘻嘻地用手一挡不让我走。女生们都骂你流氓。我扭头瞪你一眼,你就只好悻悻地把手一缩,还不忘加一句，小心别摔倒啊。

很多人都觉得我们是那种哥们儿，无所不谈。其实，我对你的调侃一般就只有两种回应，微笑和瞪眼。我不敢回你话，甚至，不敢正视你。

我以为我骨子里还是残存了一点儿属于女生的矜持与羞涩，所以从来不敢扭头主动跟你说话，我给自己心里慢慢萌芽的情愫找了个借口，却没想到它依然在肆意伸张，通往我的心脏。

3

真正让我意识到我喜欢上你的时候，是学校举办的一次国庆活动，我被一向疼我的老师硬拉上台去唱歌。当时的我面对台下密密麻麻的人群，紧张得连话都说不出。老师一个劲儿地在台下给我使眼色，但我只知道我的脸垂得越来越低，快埋到胸了却还是喊不出一句话。我的脑子一片混乱，许多歌的歌词像相交线一般纵横交错。

在我以为我快要支撑不住的时候，你第一个在人群中冒出了头，你大声喊，台上这位女同学，我可不可以点首男女合唱的《酒干倘卖无》？

我知道你又在调侃，但你成功了，你把原来凝重的气氛搞得异常活跃，大家都起哄地说好啊，好啊。还没等我反应过来，你一个箭步跳上台来，抢过我手中的话筒，大声且欢快地唱了起来。我还记得那时你的歌声，那么清亮辽远，即使你故意加了一些搞怪因子在里边，但是我还是听出了一种东西，叫感动。

也许是被你的情绪所感染，我也大声地唱了起来。后来台上台下全乱成了一团，大家都跳上台来大声欢快地唱歌。你冲我眨了眨眼睛，在我耳边快速说了一句话后跳下台和朋友嬉闹着走了。而我抚着耳朵，耳畔边还响着你的话语。你说，你的歌声真好听。

现在想起来，我真的很想骂你浑蛋，你这么一个爱嬉闹的人，我应该是万万不能接触的，从很早以前我就听谁说过，这种男生不专一。但我还是不可遏制地喜欢上了你。你说你不是浑蛋是什么？

因为这件事，那一阵子我们之间就笼罩了暧昧的光圈，你的朋友都起哄说我是你的女朋友，但是你总是一副不在意的样子，面对我也不过是调侃几句就走开了。我以为我还能保持我矜持的形象不闻不问，直到有一天阿琼忽然问我，喜不喜欢你。

我立刻明白了阿琼的心思，我想了想，在她传来的纸条上写了一句话，你喜欢的话就去追吧。

阿琼没有再传过来，我扭过头，看见她脸颊上挂着可疑的红晕。

其实从她开学那句花痴般的话里我就洞悉了结局，只是阿琼问我的那一刻，我的心里依然有隐隐的失落。灰太狼先生，你真是一个不折不扣的祸害。

在这之后我就经常把阿琼和你扯到一块儿。那次星座调查中，我得知你是金牛座的，就故意笑嘻嘻地站起来冲你喊："阿T，你和阿琼是一对啊，她是处女座的。看来你们以后要'夫妻双双把家还'喽。"

我的调侃引来了全班人的哄笑，阿琼红着脸拼命把我拉下座位，为此我没能看到你当时的表情。因为我稍后一扭头，你依然和朋友笑得如沐春风。也许在你心目中，我和阿琼都没有一丁点儿地位。你仍然有一抓一大把的女生朋友，开着不痛不痒的玩笑却又能笑声连连，我以为你很快就会拥有你的红太郎，然后我就可以潇洒地放弃你，可是你没有，所以让我抱着一丝希望。你多么残忍。

再后来，阿琼迟迟没有动静，我也默契地不挑破。只是她的话题依然总会不自觉地扯到你身上，我们就一齐扭过头看着你，你的表情怪异得很，让阿琼总可以笑得肚子疼，而我躲在阿琼略显明目张胆的暗恋之下，努力不让你看到我的光彩，心里却一直有着期盼。

我以为这是永远只属于我的秘密，可是，作为同桌的阿琼，又怎么会不懂我的心思？她不止一次地用笔敲着我的额头说，你也喜欢阿T吧？别以为我不知道。

那个时候我张了张嘴，想辩解什么，又仔细想了想，辩解又能得到什么？于是我终于点点头，满足了阿琼的侦探心理。阿琼把头靠在我肩膀上，含糊不清地说了一句话，你说阿T知道后会选择谁呢？

我缄默不语。是啊，你会选择谁呢？那个时候我一心认定你会在我和阿琼之间选择一个，却没想过，你会不会一个都不喜欢。

事实上，你会。

4

那晚我去阿琼家玩，她正在上网，和你欢快地聊着天。我就搬了只椅子随意坐下，望着发光的电脑屏幕发呆。

忽然阿琼推了推我的手肘，向我神秘地眨了眨眼睛，指着屏幕一个聊天窗口。我凑上前一看，发现阿琼发了一条消息给你："你喜欢阿薇吗？"

我当时就觉得脸上腾地一热，尴尬在我和阿琼之间流窜。我踌躇了一下，问阿琼，为什么这么做？

阿琼耸了耸肩膀，笑了笑说："总该做个了断了，阿薇。"

然而这个时候，你简洁且不遗余力地回了一句话："以前喜欢，现在不喜欢。"

仿佛空气倒流了那般。

灰太狼先生，我不是没幻想过跟你告白的场景，但我也曾设想你拒绝我的种种后果，是奔到家里痛哭，还是像泼妇一样揪着你问为什么？只是我都没有，我只觉得心越来越冷，像一口气往里边塞了许多冰块。

自此以后，我们见面总会有种令人窒息的尴尬，你开始躲着我。虽然偶尔也有开开玩笑，但气氛却不如从前那般自然。我依然和阿琼疯疯癫癫地过日子，她为那晚擅做主的事跟我说了很多句对不起。我没有怪她，真的，至少我也落个清醒。我发誓那个时候我一点儿都不难过。因为有些难过是潜意识的，即使不去触碰，一闭眼也能感受到那凌厉缭乱的伤痛。

灰太狼先生，也许这个时候你会想问，我到底为什么会喜欢上你的？

其实你只要仔细回想以前跟我交集的所有时光，就很容易发现，原来你不经意地给予我那么多的温暖。如果你还是记不起来，我可以告诉你，有一个午后，体育课，你的问候像阳光一样照得我暖洋洋。

那个午后，我因为肚子疼而被体育老师吩咐到一旁休息，那个时候你刚好偷懒没有跟着同学们去跑步，老师一向不管你，你倒也落个空闲。这时你走过来，痞子一般斜靠在墙上，用我以为今生都不可能听见的温柔的声音问道："你没事吧？"

我当时就愣了，肚子一阵绞痛才让我回过神来，我低下头说："嗯……没事儿……"

你不知道，当时我的脸红得有多厉害。

你会觉得可笑吧？就这么一句不经意的问候，却让我的心不自觉沦陷。可是你都不知道，你当时语气有多么温柔，让世界一瞬间春暖花开。

我也曾把这件事告诉阿琼，只是阿琼沉默了一会儿说："阿薇，以后如果我和阿T分到同一个班，我想跟他告白。"

是的，这个六月过去后，我们就会回到彼此的原点，开始烦躁的初三生活。

5

开学那天，我看到你了，你和那几个哥们儿在校门口嬉闹，抬起头正好对上我的目光。我匆匆低下头，用余光偷偷瞄了你一眼，你张张嘴想说什么，皱了皱眉头没有说出口。我猜想，你是不是在极力回忆我的名字？或者，觉得我像一个活在你某段时光的女生？一切都没有答案，你再也没有看我，继而扭头继续和朋友说笑。而我揉了揉衣角，跑过你的身边，咬着嘴唇。

我在布告栏上那张公布我所在班级的白纸上找了好久，就差没有把脸贴上去了，却依然没有寻找到你的一点儿踪迹。我终究没能如愿与你同班。后来，我听说你和阿琼同班了。

至于阿琼之前所说的告白的话也不了了之。某天我把压在心底许久的疑问告诉阿琼，她怔了怔，摇摇头说，我对他没感觉了。

原来感情一经时间真的会变质，你说过，你以前喜欢我，现在没有了。阿琼对你亦是如此。那么我呢？我会忘记吗？

这个问题渐渐被初三一大堆试卷压在了最底层，我们最终再没有联络，偶尔几次擦肩，我回头看你的身影，你却没能像电视上所有男主角一样，回过头，看看我。

灰太狼先生，你知不知道，现在，有一个女生一直站在五楼望着你嬉闹，她的眼神平静如水，却又有些死气沉沉的味道。

我想这个习惯会维持很久，直到我会在某瞬间想不起为什么要站在这里，等待什么。

谢谢你曾经如此温柔，此后，你是我永不触碰的灰太狼先生，我是你不自觉忽略的美羊羊小姐。如果，我说如果，你忽然有一天想起我了，请抬头，看着我微笑。

这样，一切便足够。

5 号 同 学

唐　花

哑巴的歌：你知道我在等你吗

　　寒冷的冬天是我最喜欢的季节，这个时候往往能把肥胖的原因归结到"衣服穿得太多"上去，而我不给力的身体却一直不肯爱上这冬天。

　　那年的冬天刚来不久，我一个不小心又被重感冒光顾了。5号同学，你看吧！我一直是个好孩子，即使病到嗓子哑了，脸色苍白，我也依然裹着一条大围巾去上学。

　　老师看得出我很难受，让我趴在桌上休息。我却迷迷糊糊睡到和别人换了位子都忘了，所以那天我很自然地忘了坐在我前面的是你，而不是那个女生。一连睡了四节课的我实在睡不着了，醒来，睁着惺忪的眼，我多么想告诉你:"能把肩膀靠后一点儿吗?帮我挡一点儿风,好冷。"但是我嗓子哑了,到最后你只听见两个字:"好冷。"

你回过头看了我一眼,笑了笑,然后用你高大的肩膀顶住我的桌子,我这才清醒过来。你一直是我心目中的班草,我不花痴,也从来没有跟你说过话。但,你这么做,显然吓到我了。或者说,受宠若惊。后来听出我嗓子哑了的你开玩笑地叫我"哑巴",我竟也不生气。

哑巴的心底突然唱起一首歌:你知道我在等你吗?

小骗子送给大病人一盒喉片

同桌想和她的死党一起坐,所以我一声不吭地把位子让给了她,又坐到你的后面去了。那段时间我们从不认识到开口说话,再到你经常为生病的我取暖,我们越"混"越熟。

只是偶然间碰到我的手,你便被吓了一大跳,那是切切实实的冰冷。我早已见怪不怪了,你却不由分说伸出你的大手把我的手包裹在里面。如果让别人看见,一定会说三道四,但是我想我们只是同学,最多也是朋友而已,所以你对我的这种好,贪心的我没有拒绝掉。

下课后,我艰难地开玩笑说,"同学,下午送我一盒喉片。"你嚷嚷着不要,什么送来送去的,我们又不是男女朋友，让别人看见了该乱想了。下一秒我就安静了。我不是生气，而是沮丧。莫名的沮丧。

午休时间刚开始，你便问我："上午你叫我买喉片是吗？"我惊喜万分地点点头，你却马上补充道，"哦，我没买。"

就像一枝刚绽放的小花突然被人摘走，我的心情一下跌到了谷底。你却忽然把手伸进口袋里，像是在找什么东西。

"喏，送给你。"一个绿色小盒子忽然出现在我眼前。

5号同学，你这个小骗子，竟然欺负我这个大病号。你知不知道拿到喉片后的我，差点儿就哭了呢？

有的人说不清哪里好，可就是很想要

有人说，一见钟情并不可靠，我相信，我们的日久生情，结局一定会很好。

我将心事写进空间日志里面，设置权限，只有你一个人可以看见。那是我的第一封情书，我如何都料想不到，第二天，你便给了我一句抱歉。

我唱着最喜欢的那首《最天使》给你听，你听得异常安静。一曲刚完你便问我："我有什么好的呢？"我不懂你的意思，很认真地想了起来。你却不等我说出答案就告

诉我："其他男同学都很好，××同学不错，××同学也很不错啊。"

然后我就哭了。而这一次，你没有安慰我。我想，我们完了，我们可能连好朋友都做不成了。而我，也该死心了。我想你想了整整一个晚上，我告诉自己，过了那晚，我们就算遇见，我也要装作看不见。

我们就真的没有多说一句话，我也没有再多看你一眼。

你再次找我是在年级举行接力跑比赛那天。我不停朝场上我们班参赛的同学喊着加油，你突然从后面拍拍我的背，然后指指后面空旷的草地，说那儿现在没有人，我们可以谈谈。

那天你终于约我放学一起走回家，我心里早已思潮暗涌。攥紧衣角，你看不到我手心里渗出的汗珠，我又紧张又激动。我以为你会牵起我的手就往外跑，我想那样我也会勇敢地说出"我喜欢你"这四个字，可是你没有。你见我犹豫，便自己回家了。

我怔在原地，想了好久。

真是的，到底是我太过胆怯，还是你不够勇敢呢？

小小的误会是我心里大大的结

日子一天一天过，5号同学再也没有找过我。

我以为我们每天这样淡淡地擦肩而过，慢慢就会把彼此都忘记了。直到有一天，你突然在QQ上向我发来这样一则消息：听说你交男朋友了，恭喜。

我望着屏幕两分钟，而泪水却只用了一秒钟就湿透双眼。我颤抖着双手打出几个字回复你：什么意思？

我的心在那一刻冻结成冰。我在乎的不是我有没有交男朋友，在乎的不是谁乱发布的消息，我在乎的是，你听见这个子虚乌有的谣传后的反应。

5号同学，我如何都想不到你会来恭喜我"交男朋友了"。我生日你都没有说一声"生日快乐"，我那篇《你馈赠一场，我感谢万年》拿了个全年级第一你也没有向我道喜，但是，你却恭喜我，我交男朋友了。这算哪门子朋友呢？

那天，和你简单在QQ上聊了几句过后我便直接把电脑关了。爬到床上，我摸出枕头底下那盒没有拆开的金嗓子喉片。放了这么长的时间，它会不会已经化了呢？还是就这样原封不动吧。

你总叫我爱哭鬼，但是那天我没有哭。我看着那个绿色的小盒子，想着和你在一起的点点滴滴，笑容比夜幕里的烟火都灿烂美丽。我想，什么男朋友，什么流言蜚语，都随他去吧！反正有的是大把青春，我慢慢和你耗着！

因为，没有人比我更执着于你。

你这个小骗子，又骗了我一次

暑假期间，偶然听见同学说，你要回老家去了，再也不会和我们待在一起了。

那个同学是你的舍友，他说，你走的时候还买了礼物送给我。我心里忽然一颤，你会送我什么呢？

拆开礼物，我看到一个熟悉的绿色小盒子。上面附着一句话：你嗓子不太好，以后好好照顾自己。

不小心看到盒子后面那枚用纸叠成的心形图案时，没有人知道我又哭花了脸。

而你却突然从旁边蹿出来，满脸狡黠地看着那些我为你流下的大颗眼泪。当然，泪眼模糊的我还是看见了你手中那颗心形棒棒糖。

5号同学，你这个小骗子，又骗了我一次。

那 个 人

王宇昆

总有一个人给你的爱是无声无息的，你察觉不到。

打给林松堂的第八次，四声"嘀"后，传来一个浑浊的男子的声音。

"医生说我再烧下去会得脑炎，你来医院陪陪我吧。"林之桃没有露出一丝渴求的语气，但她此刻是多么希望电话那头的男人能给自己一个肯定的安慰。

"我现在在忙，你先打给你妈。"不用脑子想也能想到的答案，林之桃在嘈杂的喘气声里隐约听见一群人在欢呼，"我胡了，快快快！"

林之桃挂掉了电话，她的眼睛有些酸痛。

洗牌，摸牌，清一色，同花顺，杠开。

没错，你就是这么忙，忙着在众人的揶揄之下把口袋里的钱通通拿出来押开下一局。

"不是说不要你揉眼睛吗,这样很容易感染结膜炎的。"妈妈拎着一大包吃的从病房的门口走来,说罢,又给林之桃剥了一个橘子。

"吃完把这杯橘皮水喝掉。"妈妈把橘子皮剥成一朵类似花盘的形状,又倒了一杯热水,然后把橘皮整个放进了水里。

同样是创造自己生命的人,为什么一个会在自己生病的时候请假给自己买来喜欢吃的东西,而另一个却在麻将桌上开心地输钱;为什么一个知道自己最喜欢吃的是什么,另一个连平日的对话也只是零星的"嗯""知道了""我很忙"。

林之桃也懒得去想为什么,这种反差她温习了十五年,已经不觉得奇怪了。

林松堂是一个天天窝在格子间的小职员,过着朝九晚五的生活,拿着微薄的工资。那积攒了半辈子的钱买不起郊区的一套房子,每天骑自行车上班,考了驾照却买不起车。

林之桃妈妈上夜班的时候,林松堂因为不会做饭会把林之桃带去参加自己的各种应酬。

于是林之桃很小就明白了,长辈与晚辈碰杯时,晚辈要自觉把杯口贴在长辈的杯肚上，以示尊敬。

饭局上，林松堂会奉承各种人的女儿漂亮、大方、懂事，也会在别人的嬉笑中说自己的女儿不才、小气、娇弱。

林之桃讨厌林松堂的一寸一尺，以至于在学校要求填任何表格的时候从来不会在家长联系信息那一栏写上林松堂的姓名和手机。

林之桃是重点中学的尖子生，获得过省三好生，是学生会的副会长。林之桃从来不觉得自己任何一点优秀的基因是林松堂遗传下来的。

林松堂喜欢吹牛，曾经豪言壮志地对林之桃说："等爸爸有钱了，一定带你去鼓浪屿，哦哦，如果你不喜欢那里，那你不管想去哪里，都随便你提。"

林之桃冷笑，原来林松堂记忆里自己最喜欢的事物仍停留在自己小学的年纪。

"我想去巴黎、旧金山、地中海、清溪川、塞班岛、普罗旺斯，你都能做到吗？"

林之桃从来不相信林松堂的任何诺言，豪言壮语谁不会说呢。

林之桃十七岁生日的时候，是一个人在大街上度过了零点，手机里除了朋友、妈妈和小姨的祝福短信，再没有任何人的。

那时林之桃第一次看筷子兄弟的《父亲》,是一部微电影,结尾曲让林之桃哭了很久很久。

只有父亲一个人的陪伴,女主角自己一个人长大,生活上忍受寂寞,工作上处处碰壁。爱情上找到了一个出租车司机的怀抱,却被父亲种种排斥。父亲伤了头部,变成了傻子。女主角陪着爸爸一起老了好几岁,爸爸依旧认不清自己是谁,也认不清女儿是谁。

最后,女儿和父亲厌恶的出租车司机结婚了,但父亲却意外出现在了婚礼庆典上。

爸爸最后是挽着女儿的手把她交给了这个自己讨厌的男人的,眼神里有着雨过天晴后的坚定。

总有这样一个人,在不知不觉奉献着自己的爱。

那是你降临世界后的一念之词,那是你不听话的时候扬起的手掌,那是你考了第一后冷冷的表情,那是下雨天提醒你带伞的一句话,那是电话里没有感情的一句"知道了"。

林之桃第一次觉得这十七年,自己犯了一个长达十七年的错误。

也是,第一次,林之桃在想起林松堂的时候,热泪滚烫。

这也是第一次,林之桃说要等林松堂一起回来吃饭。

那顿晚餐，林之桃一直等到了很晚很晚，终于在时针指到9的时候，林松堂回来了。

"以后就不要等我了，冬天饭菜凉得快，吃凉的对肠胃不好。"饭桌上，林之桃在听到林松堂这句话后，眼泪终究又一次不争气地掉了下来。

林之桃强忍着，她低着头扒饭，泪珠一滴又一滴地掉进了米饭里。

那天晚上，林之桃第一次看见林松堂笑，不经意地一瞥，林之桃竟发现眼前这个沧桑的男人的发鬓已经白了一片。

这片白色，就如同这么多年林之桃记忆里属于林松堂的位置上那片空白。

那天是暑假放假的第二天，林松堂醉得不省人事，妈妈费了半天力气才把他弄到床上。但林松堂嘴里却一直说着："我的口袋里，我的口袋里，有桃桃的飞机票。"林之桃在一旁看着，妈妈新铺好的床单，被林松堂吐了满满的一片。

口袋里的两张飞机票，印着啤酒大王比赛的标识。

"女儿，爸爸没有本事，你不要小看爸爸，爸爸会努力给你一切你想要的。"林松堂这么长一串的梦话，林之桃却听得清清楚楚。

林之桃从林松堂的房间里走了出来，她去接了一杯温水,然后泡了杯姜茶。

高三下学期的期中考,学校要求成绩单交给父母审阅,并留下对孩子的建议,签上名字。

林之桃第一次没有把这项任务交给妈妈,她在家长姓名那一栏十七年来第一次写上父亲的姓名。

"林松堂"三个字,她突然感觉是这样的熟悉,却又陌生。

林松堂在家长建议那一栏用他清秀的字迹写了短短的三行。

——女儿很棒,爸爸也要努力。

——爸爸会永远为你而骄傲。

——茁壮成长。

"爸,我原来考了那么多次第一,你为什么都一副不在乎的样子。"

"因为,我怕你骄傲。桃桃,不用这么卖力的,你只要开心就好。"

林之桃突然想起了小时候的一个片段。

妈妈把西瓜一分两半,在吃西瓜的时候,林松堂总是会让林之桃吃掉西瓜最里面的肉。

林松堂说瓜心最甜。

叶蓝蓝的智齿和苏筱唯的爱情

微　晗

五天前，我在奶茶店告诉小唯我不能喝奶茶因为我长了一颗智齿疼得受不了。在我说完的那一刻，她暴躁了："什么？你居然到现在牙还没有长齐？！"感受着周边某种意义不明的目光，我努力压制想掐死她的冲动："我长的是智齿。"她平静下来，瞪着大大的眼睛天真地问我，"哦，是代表智慧的牙齿吗？"还不忘自鸣得意地解释，"果然上帝是公平的，送你天才般头脑的同时还要送你一颗代表智慧的牙齿来折磨你。"某男就是这个时候跳出来科普的："智齿一般在二十岁左右萌出，此时人的生理、心理发育接近成熟，于是被看作是智慧到来的象征，所以叫智齿。"小唯像是被踩了尾巴的狐狸，狠狠地瞪了他一眼。男生一愣，继而笑了。笑容温暖又明亮。

就是这么简单的笑容让小唯一颗少女心萌动了。

于是连着五天我被她拖去买奶茶,所以我们五天都"巧遇"了男生——虽然这在我看来跟连续中了五瓶某种中奖率极高的茶饮一样——只是运气,而不是缘分。但是小唯不这么想。

她一口气吃了五盒冰激凌之后下定了决心:"蓝蓝,我决定明天去表白!"

我牙疼得一个字都不想说,一边哀怨地想果然刚刚就不该信小唯的话吃了那根冰激凌,我怎么有了智齿就忘了我还有蛀牙这码事儿了呢。

小唯钩住我脖子:"你不说话我就当你同意了哦。"难道她感受不到我在死命摇头吗?

第二天我们从放学一直等到暮色四合,某男生还是没有出现。

"你看,老天都觉得你不该表白。话说你不是真的被一个笑就摆平了吧?"

她思索了半天:"嗯……情不知所起,一往而深……"

我呸她,结果由于幅度过大牵动了牙神经,我疼得"嘶嘶"抽气,赶紧捂住脸颊。小唯幸灾乐祸,就差笑得人仰马翻。

2011年的夏天,对我和小唯来说很特殊。因为小唯遇见了一个能让她亲口承认喜欢的男生,而我长了人生第一颗智齿,我把它看作成熟的象征。我们两个都满心欢喜。

期末结束之后,因为我和小唯升入了高三,暑假要用来补课。

小唯再没有遇见那个男生,我安慰小唯,可能不是我们学校的。小唯点头但还是有点儿沮丧:"那可是我十七年来第一个喜欢的人啊。"说着还要假装林妹妹擦一下看不见的眼泪。

某个下雨的天气,我们在学校里看见了那个男生,虽然换了衣服,但小唯还是一眼就认出了他,丢开我的手撒开脚丫子朝他奔去,似乎下一秒人就会消失似的。

见色忘友!我愤愤。远远地我看到男生的脸色从正常变成了绯红。我猜小唯这个笨蛋表白了。也许你们会觉得她不够矜持,可是我就喜欢她这份纯真。

男生没有拒绝小唯,当然,也没有接受。他留给小唯一串数字,是他的QQ号,说常联系。

小唯拉着我的手欢呼雀跃,不住地转圈,全然不顾路人惊诧的眼神,以每十秒一次的频率向我复读:"你知道吗?他叫汪明澈,多好听的一个名字!"

之后在小唯祥林嫂似的唠叨中我又被迫知道了汪明澈的一些信息:射手座,喜欢苏打水,喜欢西城。不例外地我也知道了他考入了N大。每次说到这条,小唯总是一脸凝重:"蓝蓝,你帮我补习吧,我的幸福就拴在你身上了。"我一脸黑线,抄起一本书砸过去:"我跟你讲题目的时候你倒是表现得这么认真和积极啊!"

"喏。"公交车上小唯拉开书包递给我一袋牛肉干,"欸,你那智齿能吃吧?我哥从青海回来带的。"

"应该没事儿,除了刚长的时候疼了点儿后来都没什么知觉。"我接过牛肉粒,意外地发现小唯眼睛红得突兀,"欸,你哭了?"

"嗯。"小唯顿了顿,声音有点儿哽咽,"汪明澈……说好等我的啊。"

省略的部分被我自动脑补了:"大学里有女朋友很正常啊,而且你也不是特别喜欢他不是吗?"我给小唯讲题目的时候她总是嬉皮笑脸扯东扯西,所以我以为小唯说喜欢汪明澈就像我以为医生跟我建议智齿最好拔掉不然会得牙周炎一样——都只是说说而已。

我忘不了那时小唯眼底里的哀怨:"我以为,你懂我。"

我愣在那里。

下午班主任开了一次一模总结会,重点表扬了苏筱唯——也就是小唯,因为她成绩进步了三百名。我后知后觉,原来小唯把汪明澈当成了一种信仰埋在了心底,一直在默默努力。

一个礼拜之后,我的智齿闹起了翻天覆地的革命。去医院查的时候医生告诉我是牙周炎。罪魁祸首是小唯那袋牛肉干,它们残存在牙缝里然后滋生了细菌。

汪明澈加过我几次QQ,都被我拒绝了。最后一次,他说，其实我的本意只是想鼓励她好好学习。她还小，不懂什么是爱情。他不知道，无论事情的真相是怎么样的，于我都不重要，我帮不了他。自打那天公交事件之后，我就和小唯没说过一句话——即使同桌。

没有小唯的陪伴，我开始自虐式地吃关东煮和麻辣烫，虽然医生一再叮嘱不能吃刺激性的食物。可是我真的需要一种方式来麻木神经，缓解牙痛，缓解失去小唯的痛，还有高三的压抑。我没有停止关注过小唯，我怕她做傻事。

我看着她做不出习题趴在桌上痛哭，我看着她在草稿上写了一页又一页的汪明澈，扔掉，然后趴在放学后空无一人的教室里痛哭。可是我帮不了她，我能说的就只有她不想听的"忘了吧忘了吧"。就像我妈看着我越来越肿的脸，不能替我分担疼痛，能说的就只有"拔了吧拔了吧"。每次我妈一说拔牙就必然爆发一场家庭内战。我一点儿都不想拔牙，我怕疼。

看到小唯在校外和别人手牵手，我并不意外——她是那么美好可爱的一个女生，有人追很正常。可是看清男生脸的一瞬间，我的头"轰"的一声炸开了。顾延辰，全校赫赫有名的痞子。

我跟着她直到男生离开："你为什么跟他搅在一起！"

"因为他对我很好，让我觉得很开心啊。"

"你这是破罐子破摔！病急乱投医！"

她的目光突然犀利起来，仿佛想看穿我的内心："那你呢，叶蓝蓝！你智齿闹得脸都肿了，你干吗还每天吃辣的东西刺激它！"

我愣了，我一直以为我在她看不见的角落窥视着她，却不料她的目光也没有从我身上移开。

我的眼泪倾眶而出，她的也是。

她替我擦眼泪："叶蓝蓝，你这个无可救药的笨蛋！"

当她第N+1次在我面前吃麻辣烫的时候，她终于忍不住了，一拍桌子："叶蓝蓝，我郑重警告你，你赶紧把那破牙拔了！"

"是我看着你吃！我不能吃好不好！"

"可是……可是没有你跟我抢吃的，我觉得人生好没有意思啊。"

因为怕伤口感染，所以我妈替我联系了一家比较好的医院，她说先拍片子，如果没必要拔就留着。我知道她怕我疼。

小唯拿到片子就乐了："原来只能看到骨头和牙的你丑成这个样子，哈哈。"我凑过去一看，原来我的智齿那么恐怖——牙坏了不说，牙床都烂了。

拔牙没有我想象中的痛，但是花了一个小时才拔完。医生说是因为我的智齿长得比较特殊，要敲碎了才能拔。

拔完以后医生交代，大概一个礼拜只能吃流体食物，禁辛辣。我和小唯大失所望，因为我们本来的计划是拔完去大吃一顿。

大概过了三天原来长智齿的地方不疼了，于是我冒险和小唯去吃麻辣烫。

吃到一半，小唯突然开口："汪明澈跟我表白了，你说我要不要接受？"我假装没听见，"哈哈，我骗你的也信！其实加他QQ看了他空间之后我就知道他有一个青梅竹马，只是我不肯承认。那种感情就像你那智齿，长得不是地方，疼也一直隐忍着。可是不管隐忍多久，最后也只能拔了吧。嘿嘿。"小唯摇头晃脑，笑得一脸明媚。

我一脸期待："他是智齿那我是什么啊？"我的打算是如果她说我是她的优乐美，我就把她手里那杯香草奶茶抢过来。

"恒牙！如果可以我希望你是我最后掉的那一颗恒牙，陪我到老。嘿嘿。"小唯抒起情来，我鸡皮疙瘩掉了一地。不过别说，还挺感动的。

Forever Young

未末

1. 那是独有的亚麻色

我一直都在犹豫是否要将自己一头亚麻色的短发染成天蓝色,然后在迎新晚会上冠冕堂皇地唱上一首 Forever 21,那样会不会太惹眼?我本着"壮士一去兮不复还"的英雄气概下定了决心之后,林夜笙的一瓢冷水浇灭了我所有的热情。

"歌被刷下来了,因为不符合中学生的实际生活。"林夜笙的嘴唇一张一翕,眼睛又圆又亮。我第一次看到她想到的是——美若惊鸿、倾城绝色。文艺部部长的头衔她当之无愧,她总会在第一时间告诉我学生会的一切动态。这些幌子皆因方泽冀而设。

我摇了摇头:"可惜啊可惜,又没机会了。""我争取过了,可是你知道,方泽冀是主席,是他刷的,我……""别说了,我知道你尽力了。"我略带宠溺地揉了揉她柔顺而带点儿自然卷的长发,忽然想起我的亚麻色头发是她亲手帮我染的。一想到自己曾自私地想把亚麻色染成天蓝色,我便恨不得狠狠地抽自己一巴掌。

我想我现在是没有什么期望的了,一年一次的迎新晚会,自己还是做了观众,如果碰到方泽冀,一定要辩解,千万别脸红。

2.如果不是拥有天蓝色短发的女生,那便是亵渎

当我还是整天一副"天也,你错勘贤愚枉做天"的姿态时,老天开眼了,可它开的是"狗眼",它让我和方泽冀在楼梯口撞了个满怀。狭路相逢勇者胜。我败了,我不知道我的脸有多红,感受到的温度就让我知道自己不战而败了。

我抬头看着他,阳光打在他细碎的刘海儿上,深邃的眼眸如星如海。我一时乱了阵脚。"你,我,不,你为什么为什么刷了我的歌?"

他不假思索脱口而出:"*Forever 21?*"我有点儿惊讶,重重地点头。他刻意地去记了,还是怎样?

"你怎么知道?"双颊的温度终于有了恢复正常的迹

象，让我看起来镇定一些。

"因为被刷的只有那一首。"他这句话让我觉得本来平分秋色的局面瞬间变成我完败。"这首歌我是动了私心的，如果不是由拥有天蓝色短发的女生来唱，那便是亵渎。"方泽冀，你有多爱曾轶可啊！

3.我是何其自我，又何其自私

天蓝色短发。我将这设置成QQ签名。

"UU，你又要染发？"UU是林夜笙对我的昵称。我莞尔一笑，任凭她的手略带不舍地在我亚麻色的短发中穿梭。"哪会呢？这是你亲手给我染的啊！"

在我踽踽而行的这十七年里，我是物质上的富翁，精神上的困难户。我妄图用金钱铸起一道防线，做一个愤世嫉俗的小刺猬，靠近我的人都被迷惑，除了林夜笙。她轻而易举地走进了我的内心，我只记得她对我说的第一句话是："你在这儿啊，怎么这么没良心。"当时她给我买了一杯豆浆。可是多年的孤傲让我愤世嫉俗的棱角难以短时间打磨光滑，我丢给她一张十元钱。她立马就跳起来了，把钱丢了回来，还附上一句："许悠言，你的良心被狗吃了"。

这算什么话，可我还是不可抑制地笑出声来。之后，莫名其妙地，她就成了我乏善可陈的生命中的最重要的一个人。

4.关于方泽冀,那便只有错过

我的日记本上面写满了我对方泽冀的爱慕,那些深藏的情愫只有林夜笙知道,我与她没有秘密。而现在,我在日记本上用尽全力写下"关于方泽冀,那便只有错过"。我妄图用这样一句话来填补我空白而又仓促的青春岁月,以此来铭记自己曾那样深深喜欢过的一个人。

迎新晚会当天,林夜笙以花枝招展的夸张造型站在我面前时,我扑哧一声笑了。我用略带挑衅却感受不到半点儿敌意的语气问:"林夜笙,你要结婚吗?"她不屑地瞥了我一眼说:"亲,和我搭档的可是方泽冀哦!"我狠狠地往她背上捶了一拳:"林夜笙,你不要这么毒!"

在我们嬉闹的时候公共汽车毅然决然地开走了,只留下一个无情的背影。我和她看得目瞪口呆。

"来不及了啦!UU,我要是迟到了,你就穿着我脚上这双鞋跑操场十圈。"望着她那双足有十厘米的高跟鞋,我打了一个寒战,脱下脚上的帆布鞋朝她递过去:"快换上,跑还来得及。"林夜笙似乎觉得不可思议:"那你怎么办?""我提着鞋子光脚跑。"我不知道自己看起来有多笃定,以至于她二话没说就穿起我的鞋子跑起来。

这条路上经常会有运送沙料的车，遗漏下来的坚硬石沙硌得我脚底钻心地疼。我咬紧牙关，为了林夜笙，我必须忍下去。因为从我写下那句话之后，方泽冀就被我从生命中淡出了，她是我生命中最重要的人了。

5.谁没经历过一两次刻骨铭心的爱恋

上台前，林夜笙换上了一双高跟鞋，又成了万众瞩目的焦点。上台时，也许因为前面长时间的奔跑腿变得酸软，一个踉跄，方泽冀顺势抓住她，动作契合到了极点。之后，便是全场的一片哄叫声。

我的脑子一片空白，花了好长时间才搜寻到一个很土的词语来形容他们——郎才女貌。林夜笙下意识地往我这边看了看，又拘谨地对方泽冀笑着说："谢谢。"

我没来由地哭了，眼泪好多好多的。这一刻我终于意识到，我可以失去方泽冀，但不可以失去林夜笙。

泪水模糊了我的视线，我早早地离场了。年少时，谁又没经历过一两次刻骨铭心的爱恋呢？

我不知道自己什么时候蹲在墙角睡着了，直至被突如其来的拥抱惊醒。"UU，走啦！"她看上去满面红光，晚会似乎进行得很顺利。

我艰难地凭借已经酸麻的双脚站立起来，打了一个如响雷般的喷嚏之后，眼泪又一次的喷薄而出。林夜笙大叫:"许悠言,你有点儿出息好不好!"我吸了吸鼻涕说:"那你别丢下我。""多大点儿事呢!方泽冀向我表白了,我拒绝了。你说,还有人比你更重要吗?"她一说完就意识到自己的口无遮拦,连忙补上一句"对不起"。

我摇摇头,任凭眼泪肆意流淌。

6.年轻,真好啊

元旦过后,还有六个月,那个大展鸿鹄之志的时刻就要来临了。我选择让自己忙碌起来,收起一切和方泽冀有关的东西,我不想睹物思人。

所有人都在紧张备考之时,林夜笙却是整天怡然自在。她不停地在我面前晃来晃去。抬头一句"你是人间四月天",低头一句"你在楼上看风景"。看到她装模作样一本正经地冒充文艺女青年,我的气就不打一处来。"林夜笙,保送了不起啊!告诉你,姐可是有一颗上清华的心。"

林夜笙对于这句之于她攻击力几乎为零的话不屑一顾:"那怎么办,要我放弃保送北大的机会吗?要不要?要不要?"对于她的厚颜无耻,我只能置之不理。于是我说了句无比正经的话:"我争取考到北京吧!"她也开始严肃起来:"嗯,加油啊!"

当我整天苦陷题海中,离高考还有一个月时,林夜笙终于选择暂时离开学校。我知道她的离开是因为方泽冀对她的穷追不舍。

当我正在煞费苦心地为弄懂左手定则和右手定则的区别而左右不分时，林夜笙拉着一个旅行箱来向我告别。"UU，你继续参悟吧！我要走了，我要去潜心向佛了。"她双手合十放在胸前，深情而又虔诚地向我拜了一拜，动作生硬而又招泪。

"你要出家？"我明知道她要去那个有布满神秘光辉的布达拉宫的西藏，去那个没有一丝云却拥有海蓝般澄澈天空的拉萨，去那个抬头便能看见经幡满天翩飞的拉萨；去那个我们很早许下诺言却又一直未能实现的拉萨。

时间如白驹过隙。林夜笙走后的一个月里，生活妥帖得像熨烫过一般，除了方泽冀来询问过几次她的去处之外，没有任何大风大浪。

我想我已经把自己修炼得炉火纯青了，见到方泽冀，我一点儿也感觉不到紧张，只用了一句话来祭奠我过往的青春中，他在我生命中过客一般的短暂美好。

"方泽冀，年轻，真好啊！"

他听得丈二和尚摸不着头脑，我却一点儿都不心虚。因为那个洞悉我心境的人在远方等着我。对他付之一笑，明天又将是崭新的生活。

7.Forever Young

在我身心疲惫地走出考场的时候，长吁一口气，仿佛经历了一次重生。

林夜笙邮件来的时候，我正在"去哪儿"网上寻找到去拉萨最近的航班与最低价的机票。她说："我终于看到了几步一跪拜的西藏人民了，他们想开启通往布达拉宫地下的大门，相传香格里拉圣地的入口就在布达拉宫之下。"她说："我终于住进安妮口中的青旅了，这里大多都是慕名而来的旅客，陌生而又温暖。"她说："高原赐了我两朵高原红。"她说："真希望一辈子都待在这里。"

她说："年轻，真好啊！"

我和蛀牙有个约会

喂，那谁

历史课，黑板上老师正用白色粉笔写着大大的标题——工业革命。

班上总体上分为三种情况，熟睡的、昏昏欲睡的、死撑着不睡的。老历看着大伙儿，重复地说不能理解我们为什么不好好听课，就像我无法理解他为什么说话不带表情和标点符号一样。

我以提一下精神再认真听课为由，心安理得地从书桌底下掏出马大姐水果糖，剥开一颗装作打哈欠随手将其抛进嘴中，美美地嚼上几口，然后满足地撑起腰杆子听课。

在老历说到18世纪60年代，英国人瓦特制成装有冷凝器的单动蒸汽机时，我隐约觉得上排牙齿右侧中间一带开始隐隐酸痛，酸了一会儿又恢复了平静，平静了一会儿又更加激烈地痛了起来。

出事了！

老历声带振动，发出的声音如同一种古老的咒语在空气中传播，引起我的鼓膜振动，再传到听小骨，听小骨传给大脑神经后似乎是直接蹿着就来到了我的牙缝处，我似乎感觉到牙齿里储存着一股巨大的能量，即将上演的是一场轰轰烈烈的口腔里的"工业革命"。

有一群长犀牛角、有虎牙、手握铁叉的生物从我钙质充盈残留浓浓糖香的牙齿上出现，他们在劳动生产中积极发现和改进生产工具，随着工场手工业的发展，他们开始应用大机器进行生产，牙地被不断地开发，城市开始崛起并日益繁荣。在发展的过程中，不合理的开发和污染使得环境持续恶化，水分流失，土地干涸，地壳变得脆弱，温度升高，最后在一次可乐的冲击中，走向灭亡……

想到这里，焦虑、恐惧、不安齐齐盖头而来。我双手合十，口念阿弥陀佛，诚恳地求玉皇大帝太上老君观音菩萨如来佛祖保佑，保佑我的牙齿没有什么大问题。

不知道是不是有种叫"蛀牙恐惧症"的毛病，如果有，我肯定是患了。

放学后一溜烟地跑回家，冲进房间合上门，对着镜子张大嘴巴使劲儿看，上排右侧第二颗大牙，显然是被蛀了一块，黑色部分粗略估计占整颗牙齿的五分之一，惨不忍睹。趴在床上蒙被子睡了一觉，醒来之后酸痛感渐渐淡去。

记得小时候换牙之后的第一颗蛀牙，搞得我大哭大闹地喊痛，被爸爸一把扛到背上，哄我说买点儿板蓝根来吃就好了。好吧，吃完板蓝根之后就可以吃陈皮了。

那个时候我也没有深入去追究为什么买着买着板蓝根就到牙医那里了。

那个穿白色大褂、留地中海头的叔叔让我在睡椅上躺下。他戴上白色口罩、白色手套，打开吱吱作响的机器，亮起在我面前散发着刺眼黄色光线的灯，然后稍弯下腰来，用一根长长尖尖的金属棒子在我的眼前晃了晃，再用在我听起来是诡异又狰狞的声音说：来，张大嘴巴。他的眼睛微微弯成了一个弧。

我想起了《西游记》里青面獠牙的妖怪，"哇"的一声就哭了出来，怕得不能从椅子上起来，躺着直哆嗦。爸爸边哄我，边用大手压着我的肩膀。听爸爸说那个时候我把印着"还珠格格"的拖鞋甩到了牙医大叔的脸上。这个我不大记得了，不过后来很长一段时间里，我都认为这就是大叔把我医得惨叫似午夜杀猪的原因。

治牙的深刻感受我描述不出来，也记不起来了，虽然不知道深刻到记不住算不算一个病句。反正主观印象里就这么一总结陈词：看牙是要命的。这一概念在我的脑子里根深蒂固。

以至于后来又发现一颗大牙被蛀了以后，我坚决不告诉家人，不看牙医，拼命刷牙，有苦往肚子里吞。最后那牙被蛀虫蛀着蛀着就没了，空缺的牙洞偶尔会耍脾气发炎。后来迫不得已去种了一颗，可是毕竟不是亲生的啊！

这个教训告诉我，有蛀牙要赶紧治，引用至尊宝的一句话：莫等到失去后才珍惜。

于是，作为一名有独立思想的现代高中生，我明白切不可以重蹈覆辙，断送了我年轻的大牙。

又不是四肢残缺。

又不是半身不遂。

又不用动刀动枪。

这么跟自己说着，心里多少觉得踏实了一点儿。

不知道哪里冒出来的勇气，我决定自己去看牙，不叫爸妈，不拉朋友。毕竟这么大一个人了，被别人看到哇哇大哭、甩鞋子抓椅子的样子也怪不好意思的，更不想让他们看到后为我提心吊胆。

放学后，背上书包从教室里淡定地走出去，转头跟同桌说了声"保重"，还满眼的慷慨和不舍，弄得同桌也一脸愁容，那状况整个一木兰上战场。

学校门口往右拐的巷子里，就有一间"阿英牙医"。我心惊胆战地往那里走去，到了门口斜着右眼往里面瞄了瞄，一名男生刚刚躺下，阿英阿姨戴上白色口罩……随即我像路过一样飘了过去。

真没出息！

转身，折返回来。又站到了门口，这次斜了左眼往里面瞄了瞄，那躺着的男生手脚直哆嗦。

咦——一不小心又飘了过去。

再返回，这次说什么也不赖了。转身大步走了进去，那男生刚从睡椅上下来，眼前这个哭得梨花带雨的七尺男儿竟然是隔壁班的运动健将——体育委员。别提他看着我的样子有多"二"了，就连我也不知道情何以堪了。

不过注意力很快就被转移了，阿英阿姨把座椅的垫子翻了过来，示意我躺下。

眼前泛黄的灯光简直就是制造恐怖气氛的终极武器，阿英阿姨把一根长长的金属棒子伸到我的嘴边晃了晃，棒子闪着铮亮的光。我瞪着她，不张口。她也瞪着我，不说话。僵持了几秒后还是我先开口了："阿姨，可不可以打麻醉啊？"不说倒好，一说阿英阿姨就来劲儿了，激动不已地跟我说刘伯承大将军眼睛中弹，因为要保持脑部清醒而拒绝打麻醉剂的故事，似乎是把我正看牙的事儿给全部忘记了。等她说得差不多的时候，我已经闭紧眼睛，张大嘴巴，安分地躺着，决定采取不反抗政策。

阿英阿姨边拉着家常边帮我医牙，她说她女儿快要放学了，得快点儿去做饭，也得赶紧给我弄好让我回家吃饭去。她大概是看出了我有多紧张，帮忙分散注意力。不知道之前觉得看牙有如上刀山下火海的痛感是不是因为想象力还不错的缘故，这会儿确实有一阵一阵酸溜溜的感觉，但疼痛感都没有上课时吃糖果同桌捏我胳膊来得厉害。

不知道过了多久，阿英阿姨说喝口水漱漱口吧，过几天再来医一下差不多就可以补了。梦游似的起身，看看手表，过了五分钟。没哭，没喊，没说痛，没有想象中的山崩地裂、浩浩荡荡。

跟阿英阿姨说："阿英阿姨，谢谢你。"

她哈哈哈地笑了起来："我不叫阿英，她是我奶奶，快回家吃晚饭吧。"

走出牙医院大门，感觉世界一片豁然开朗，空气甜美清新。

还有什么好畏惧的！

路边的大树上"嗖"一声蹿下来一个人，是七尺男儿，他挠挠头不好意思地说："喂，不可以告诉别人啊！"我大笑起来，说好好好。

你得相信看牙这一件小事儿，对我来说是一个大突破。

旧人路过花千树

旧人路过花千树

弄　臣

1

周小茧跟阿妈走进陌生的伊家时,她就知道,再过不久,她的阿妈就要嫁给那个伊姓男人了。也许从某种意义上来说,周小茧将有一个新家了。可是对于周小茧来说,"新家"不过是一件"寄人篱下"的华丽衣裳。

陌生的城市到处是高楼大厦和衣着明丽的人。周小茧的家乡在一个南方的边陲小镇,那里山清水秀,虽然不似城市这般繁华,可却并不觉得缺少什么。

伊叔叔戴着一副金边眼镜,斯斯文文,听阿妈说他好像是什么经理。周小茧不怪阿妈,她不能自私地剥夺阿妈追求幸福的权利。阿爸走得早,阿妈一个人带着周小茧,太累。

　　阿妈搂着周小茧的肩让她喊叔叔，周小茧咬着下唇不吭声，眼神飘忽不定。她不愿开口，并不是她不想承认伊叔叔的存在，而是她怕丢脸。周小茧的声音软软的，说起京片子来带着南方口音，自然不比他们北方人说得顺溜。可是谁能想到一个十来岁的孩子会那么敏感呢？伊叔叔只当她害羞，笑了笑说："小茧应该比我们敏敏要大几天吧？"

　　周小茧一愣，伊叔叔有孩子？

　　正在愣神之际，楼梯上走下一个女孩儿，同样是十几岁光景，比自己要光彩夺目多了。她长得很好看，不同于南方女孩儿的温婉，她的美是那种张扬明艳的。周小茧呆呆地看着她身上穿的那条绸缎长裙，然后用手紧紧揪着身上的粗布衣角。

　　伊叔叔上前两步将女孩儿带了过来，眉开眼笑地对我说："小茧，这是伊叔叔的女儿伊敏。"

　　周小茧有些无措地看着她，不知道该说些什么

　　伊敏静静地看着周小茧，然后嘴角勾起一抹冷笑："周小茧，请多指教。"

2

　　伊叔叔很快就把周小茧上学的事儿办妥了。她不仅和

伊敏同一个学校，还同一个班级。

周小茧知道，伊敏并不待见她。不过也没什么所谓，反正她也不喜欢伊敏那个娇气的公主样。她觉得伊敏就是一个被爸爸宠坏的小孩儿，既骄傲又任性，不过是恃宠而骄罢了。

既然彼此看不顺眼，也就省去了相对无言的尴尬。周小茧从不和伊敏说话，她只是一味地努力装出不存在的样子。她们每天坐同一辆车去上学，车内只有沉寂。周小茧觉得伊敏不和她说话是因为懒得理她，伊敏不屑和自己这个从镇上来的土妞儿打交道。

周小茧和伊敏这两个本不相干的人，却在老天的安排下成了彼此的无关痛痒的存在。

奇怪的是，周小茧和阿妈住进伊家已经一个多月了，阿妈和伊叔叔却仍不结婚。

周小茧去问阿妈，阿妈温柔地笑，眼里却泛出哀伤的神色。阿妈说："没关系的小茧，不过是个形式而已。我不想做让妹妹不开心的事。"

细柔的家乡话穿过周小茧的耳膜，一直温暖到了周小茧的心里。可是阿妈说，伊敏是妹妹。

妹妹？好笑。周小茧的心里涌上一股说不清楚的感觉，堵在喉咙特别难受。凭什么？凭她伊敏会不开心，就得委屈阿妈过着无名无分的生活吗？没有钱，没人疼，没有幸福的生活是她们的错吗？

3

语文课上学习席慕蓉的《一棵开花的树》。周小茧偷偷瞄了一眼伊敏,她知道伊敏最喜欢这首诗,因为她常常听到伊敏在朗诵这首诗。

果然,伊敏一脸兴奋的样子,还举手发表了自己的见解。

周小茧一哂,还真像孩子。可她自己又何尝不是个孩子呢?周小茧看不惯伊敏要星星得星星要月亮得月亮的样子,却不知道伊敏不屑一顾的不是周小茧格格不入的城镇气息,而是她那副好像什么都知道好像什么都无所谓的样子。

语文老师让全班同学一起来念这首诗,并体会作者的心情。

不知道是不是出现了幻听,明明是几十个人在一起朗诵,周小茧却只听见了伊敏的声音,清脆响亮。周小茧不费吹灰之力就在几十种不同的音色中分辨出伊敏的声音,听到她的声调甚至能想象出她脸上的表情。

  而当你终于无视地走过
  在你身后落了一地的
  朋友啊那不是花瓣

伊敏……你一直都像个骄傲的公主一样漠然地在我面前走过，可你知道吗，我周小茧不想当那棵树。一点儿都不想。

4

周小茧打了伊敏。

起因很简单，伊敏打碎了周小茧桌上的玻璃娃娃。不简单的是，那个玻璃娃娃是周小茧的阿爸给她的礼物。当时伊敏并不知道。

玻璃破碎的声音响起时，伊敏有些心慌，但又觉得就算是比碎掉的玻璃娃娃贵上一百倍她也赔得起。可是当周小茧用力地抽了她一耳光时，伊敏呆住了。

伊敏怎么也想不到，平时温和安静得犹如不存在的周小茧，那个对任何事情都漠不关心的周小茧，居然会因为一个玻璃娃娃动手打了她。脸上火辣辣地疼，伊敏大声地哭起来。

从来没受过什么委屈的伊敏哭得梨花带雨。周小茧红着眼睛："你还觉得不够吗？我那么努力装不存在也还是不够吗？你生下来就被宠着护着，你尝过失去的滋味吗?"说到后来,周小茧的声音里带着哭腔。

周小茧带着南方口音的京片子似一把刀子,刺在伊敏的心上。在乎得足够深的东西,别人碰一下也觉得是抢。

阿妈并没有为周小茧主持公道。那个贤良淑德的阿妈,视周小茧为心肝的阿妈,却生平第一次打了周小茧。

皮带一下又一下地抽在周小茧身上,疼得要命。阿妈一边哭一边骂着,说周小茧不争气,给她丢脸,给周家丢脸。周小茧跪在地上,任由皮带抽在身上。

伊敏也许没猜到会是这样的结局,她怯怯地躲在一边,目光露出惊恐和不安。

伊叔叔下班回到家吓了一跳,忙去制止阿妈。他大声地喊道:"你怎么打孩子呢!"

听到这句保护自己的话,周小茧落下泪来。她知道,她落下的不仅仅是眼泪,还是尊严。

周小茧心里明白,伊叔叔是个好人,是真心对她们母女好的。而伊敏也从来没有伤害过她,她只是有些被惯坏了而已。只有她周小茧,从头到尾扮演着一只竖着尖刺的刺猬,不让人靠近,也不靠近人。

5

阿妈决定带周小茧离开伊家。

伊叔叔一脸哀伤地问阿妈,能不能别走。

阿妈说:"我必须要走。我不能因为我而让小茧过得不开心。"

周小茧抿着唇,不发一语。就好像半年前初到伊家时一样,努力装出满不在乎的样子。

伊敏一直静静地站在旁边,什么也不说。

阿妈终于拉着周小茧走出伊家大门。伊敏转身看了一眼爸爸凝重的表情,心里一紧。她做错了吗?她真的错了吗?

她觉得心慌,不安。她跑出去,叫了一声周小茧。

周小茧回过身。那个曾经她认为无比骄傲的伊家大小姐,竟然一脸真诚地说:"对不起。"

"周小茧,对不起。为了我的任性向你道歉,为了我的骄横和自以为是向你道歉。"

顿了顿,周小茧平静地说:"我接受你的道歉。可是,我不会原谅你。"

周小茧和阿妈离开了伊家。所有的过去都会过去,她不是那棵开花的树,而伊敏也不是。在时光巨大的洪流中,她们终会被岁月带走,成为旧人。

暗夜里的掌灯人

陌浅狸

现在是北京时间19点10分,不出意外的话此刻你应该端坐在电脑面前,不是逛论坛就是刷微博。中午的时候给你打了电话,你絮絮叨叨交代了一些无关紧要的事项,末了还不忘提醒我好好学习,不要谈恋爱。

一直以来总想对你说些什么,千言万语却不知从何说起。对朋友热情、对亲人冷淡是我们的通病,更何况我还是个极其内敛的女儿,直白地表达感情是我最不擅长的事情,就像我从未对你说过"我爱你""我想你"之类的话,在我的潜意识里这是很肉麻的事情。我唯有把我对你深深的依赖加注在文字上。

别人都说女儿是妈妈的贴心小棉袄,但我和我妈妈是对比较僵硬的母女,我和她的交流仅限于"吃了什么,穿了多少"一板一眼的她问我答。她从不关心我的学习生活，我也不和她谈儿女情长，甚至我年少懵懂的初恋也只有你知道。你教我骑自行车、教我打字、上网，教我把春卷炸成金黄色……你教会了我太多，包容了我太多，你用深沉的父爱填补了我在母爱上的空缺。你无数次语重心长地劝我："你妈妈也不容易，她很忙很累。"是，我知道她不容易，可是这也不能成为她重男轻女的借口啊，她那根深蒂固的思想似乎没人可以动摇。就这样吧，反正十八年也就这么平平淡淡过来了。

每次放假的时候你总会问我在学校过得如何，我总是表现得云淡风轻，"就那样吧挺好的"云云，顺便提一些学校里鸡毛蒜皮的小事儿。其实我经常会陷入一些莫名其妙的负面情绪当中，孤单和落寞包裹着我，我却找不到根源。我知道我从来都不是个让你省心的乖女儿。有时候你会不经意地夸别人家的孩子有多好，字里行间充满了羡慕和感叹。你不了解你的女儿有多敏感和骄傲，每当那时候我的心里便会涌起深深的酸楚和内疚，漫无边际。从小到大，你从没有因为我而感到骄傲，我平凡得像一颗尘埃。其实我也想当闪闪发光的珍珠，但我清楚地明白我只是颗毫不起眼的沙子。不过我知道我很幸福，有你这样的老爸，平凡却为我筑起了一座无风无雨的城池。一个人孤身在外，想到老爸的笑容，嘴角总是会上扬，我知道，那一刻，我是幸福的。无论有多少的委屈，多少的难关，我都会笑着面对。我知道，当我回头的时候，那里有最温暖的避风港。

　　不知道是不是所有上了年纪的人都想要通过改变外表来遮掩真实的年龄，最近你开始买花格子衬衫、牛仔裤以及苹果绿的帆布鞋。我嘲笑你一把年纪还爱装嫩，却忽略你日渐斑白的鬓发。我从来都吝啬一句"注意身体"，而你总千叮咛万嘱咐我好好学习。我只看到了你的笑容，却不知道暗处里你的辛酸如潮汹涌。瞧，我真是个自私的女儿。

　　其实你不知道的是，你的女儿很爱你，比你想象中的更爱你。我尽我所能地去做可以让你开心的事情。我说不出那些动人的话，我只会帮你把衣服洗了，做一顿可口的饭菜。我不想你再为我操心。除非黄土白骨，我守你百岁无忧。这是一句描写爱情的话，而在我看来，却最能表达我此刻的心情。这一生，定是要守你无忧。我亲爱的爸爸，我爱你，从未说出的爱，在这里，大声地喊。

蓝色的海是海豚的泪

莫莫小呆

1

南阳,我知道你有翻阅我书桌上的那些杂志的习惯,所以我在想,如果这篇文过了,我一定会把样刊放在书桌最显眼的地方,让你轻轻扫一眼就能看到。我希望你可以看到这篇文,看到我所要表达的深深歉意。

南阳,十几年了,细细想来,这些年我真没有对你好好笑过。整天不是瞪你就是对你爱理不理,我会在你背后骂你,骂你是一只如花似玉的猪。而你,也从小时候被我欺负得茫然无措哇哇大哭变成今天的毫不在乎揣着裤兜甩甩头发。

南阳,你知不知道,现在的我,每当想起我们的童年,都会很后悔。我后悔那个时候不知轻重的恶作剧。因为想作弄你,我骗你说村子里有结婚的新娘子,你在我的带领下爬上房顶看穿着婚纱的新娘,结果我在趁你不注意的时候偷偷溜下房顶,顺便撤掉了我们爬上去的梯子。我跑到屋里看《还珠格格》,独留你一个人在房顶上哭了一下午。现在想起来,我的心里都会泛起酸涩的涟漪。我怎么这么糊涂?要是你一个不小心从上面掉下来怎么办?我很抱歉小时候总是抢你的泡泡糖,抢完了还不够,在嚼得没有甜味之后再吐出来,把黏糊糊的泡泡糖粘在你的裤子上,害你被妈妈骂。

还有当年爸爸的剃须刀,其实是我弄坏的。我因为好奇,把它用来剔公鸡身上的羽毛了。可是我没有想到它那么脆弱,我只是不小心把它掉在了地上,又一个不小心一脚踩上而已,它就破了。而我却因为害怕,在父亲的质问声中谎称看见你偷偷地拿着剃须刀出去玩,而后就再也没有拿回来。那个剃须刀是爸爸的战友送给他的,他很珍惜。正因为如此,你挨了爸爸的打,他用扫帚打你的屁股,一下一下,你不喊疼,只是看着我,眼神中有怨。我看见你漆黑的眼眸中倒映出一个小小的我,因为自责而手足无措……

现在想想,小时候的种种,几乎都是我的劣根性所致。因为你,我固执地以为本该独属于我的疼爱被你夺走一半。更重要的是,为什么我们明明是龙凤胎,可我一生下来就又黑又小,而你却长得细腻白嫩人见人爱?

妈妈说我们是异卵龙凤胎,长的不一样很正常。可我偏不这么认为,我觉得是你在妈妈的肚子里不老实,抢夺了我的那份营养。这种错误的观念一直持续到我学习了生物这门课程。

2

南阳,你还记不记得,你七岁那年我把你关进小黑屋时的情景。

我还记得事情的起因是一根棒棒糖。那个时候阿尔卑斯棒棒糖才上市不久,对我们这群毛孩子来说,一块糖果充满了无穷的诱惑力。父亲出差回来给我们买了一包,我们一人一根,你狼吞虎咽,糖还没舔几下就嚼碎咽进了肚子。你吃完还不解馋,小鹿般的眼睛又虎视眈眈地盯着我的,一边看一边说:"姐,你的棒棒糖是什么味道的啊?"

我有些厌恶地看着你,对你翻着白眼,我知道你打的是什么主意,可我偏偏不如你所愿。我故意大声喊:"我的是草莓味的,真甜啊。"

我看见你有些艰难地咽了咽口水,心里窃笑,向南阳,你这个馋鬼!

我天生的劣根性再次发作,凭什么亲戚邻居总说你漂亮而不夸我？那天傍晚，我骗你说，我们家那个小仓库里，有很多的棒棒糖。只要你赶紧去，那里面的糖都是你的。

在此之前，那个小仓库一直被我们称为"小黑屋"，因为那里面没有灯，总是黑漆漆的，而且还有老鼠。一直是我们这些小孩儿不敢涉足的"恐怖地带"。可是那天，你没有禁得住糖果的诱惑，溜进了小黑屋。而我被嫉妒蒙蔽了眼睛，在你进去找糖的工夫锁上了门。

我听见你的哭喊，声音尖锐颤抖，在那一刹那，我有过一丝不安和自责，但又想到你在大人面前出尽风头，本该属于我的都被你夺走，我心中的惭愧立即烟消云散。

那天晚上，当妈妈打开门时才发现你已经哭得睡了过去，脸上脏兮兮的，睫毛还挂着泪珠。父亲气得要打我，你被父亲的责骂声惊醒，你求他："不要打姐姐，不要打姐姐。"

那一刻我心里很矛盾，有感动，有愧疚，还有那么一丝的怨。情绪交织，五味杂陈。

3

从小到大，我都叫你小屁孩儿，或者，直接喊你"喂喂"，语气中都是不耐烦。

我每次出去玩儿，你都想跟着我，虽然你不说，但我也能从你黑漆漆的眼睛里看出来。你的眼神中，不安又带着浓浓的期待。

可是南阳，你知不知道，就因为你喜欢跟着我，这让我感觉很不舒服。就像是刚买的新裙子上沾了很难洗掉的脏东西一样。我玩儿跳皮筋你跟着我，我玩儿踢毽子你跟着我，我玩儿蹦房格你也跟着我。就连我跟小姐妹去田野里放风筝，你还是跟着我。

最后，我实在忍无可忍，用尽全力朝你吼："你这个小跟班能不能别像个水蛭一样黏着我？烦死了，你这样很讨厌知不知道？"

你委屈地小声说："姐，我只是想跟你一块儿放风筝，你就跟我玩儿一会儿，好不好？"

"好好好，好你个大头鬼！"

小姐妹们掩着嘴笑了，而你那张倔强的脸庞，却一直仰着。

而我在不经意间，看见你的大眼睛里，已是一片波涛。

仿佛只一瞬间，就能滴落下来，溅起一朵朵水花。

最后，我把风筝让给了你，这是我记忆中为数不多的一次忍让。是你的表情让我的内心感到一丝颤抖，还是你的泪水让我萌生一丝愧疚？我不知道。

我只知道，那天的麦子是翠翠的绿色，田间还有好多白色的蝴蝶在飞舞。而你雀跃奔跑的身影就像是一条小鱼，游进了绿色的海洋中。

那天我们一起玩儿到很晚才回家。你小声地伏在我耳边说："姐，你知道吗，这一天，我盼了好久了。我总是在想，姐姐什么时候能陪我玩儿呢，玩儿好长好长时间。姐，今天我真开心！"

说完，你挠挠头傻傻地笑，那一刻，我突然觉得，鼻子酸酸的。

我把我那只你一直想要但我一直不给你的蝴蝶风筝送给了你，你惊讶地嘴张得老大，你不相信地问了我一遍又一遍："姐，真的是给我的吗？真的是给我的吗？"

我摸摸你的脑袋瓜，看着你嘴角咧到耳根的样子，我突然觉得，这些年，我欠了你很多。

4

后来的几年，你的身高开始疯长，到了初中的时候，你已经比我高好多了，有的时候跟你站在一起，我会萌生一种大人牵小孩儿"气场严重不足"的错觉。

就是从这个时候你开始跟家人反复强调，你长大了，是个真正的男人了，可以保护爸妈和我了。我看着你单薄的身子和那张仍显稚气的面孔，不自觉地就笑出了声。

你看着我，很不满地问："姐，你笑什么，我说的不对吗？"

你说的对不对呢？我不知道，我只知道，你已成为一个很善良很帅气的大男孩儿了。

我知道，每次你放学回家，都会从学校两旁的小卖部买几根火腿肠，不是自己吃，而是喂附近的阿猫阿狗，所以，那些小野猫小野狗都跟你很亲近；我知道你每每看到有乞讨的人，不管他们是真是假，你都会从兜里掏出自己一大半的零用钱。我笑你傻，你却用一种很奇怪的眼神看我："姐，如果社会上没有了跟我一样的人，那会怎么样呢？"

我呆住，无言以对。

5

你长得好看，所以学校有很多喜欢你的女孩儿，她们送你小礼物和情书，你每次都会笑着委婉拒绝。

她们说你是温和如玉的男孩儿，性格如水。

可是就是这样的一个你，却为了我打架。看着你微微发青的嘴角，我心疼得眼泪直打转。

那是一个我很喜欢的男孩儿，我鼓起勇气给他写了封告白信，没想到信的内容竟然被他发布在班级群里。我又伤心又委屈，不知道以后还怎么待在班里。

后来，你知道了这件事把他从教室里揪出来狠狠地教训了一顿。你像一只发怒的小狮子，挥舞着拳头，一边打一边吼着："不喜欢拉倒，你怎么这么卑鄙？"

爸爸接到老师的电话后赶到学校气得发抖，他问你为什么打架，你一下午，只字未吐。爸气得不行，扬起巴掌就打上了你的脸，而你，却依旧倔强地仰着头。

看到这一幕，我又想起小时候你被我污蔑偷了爸爸的剃须刀，挨爸爸打的情景。

然后我就哭了。

放学后，我和你一起回家。你安慰我："姐，没关系。不就是挨了一巴掌吗？都是小事儿。"我问你为什么不说实话，你瞪大了眼睛反问我："我怎么能告诉老师和爸爸你早恋呢？"

一句话，让我的泪水又开始泛滥了。

从小到大，我一直欺负你，叫你小屁孩儿。但却不知道，是你一直默默地保护了我这些年。

南阳，你曾经对我讲过这样一个故事。你说一只小海豚在刚下生不久就被渔民抓住卖到了海洋馆。自那之后，宁静的海面都会不时有海豚跃出水面。你说，那是小海豚的亲人在寻找着小海豚。那湛蓝的海水，是海豚们流下的眼泪。

你还说这世间永远不会褪色的，是亲情。

我不说话，低着头在心里想："以后，我绝不会再嫌你骂你，我一定会做一个合格的姐姐。"

我亲爱的老弟，虽然姐一直觉得说这话太矫情，但在这里，姐想对你说，姐姐很爱你。

你若快乐便是安好

慕如雪

高考失利,我像一只战败的公鸡,一蹶不振地缩在家里。

一日,我在屋里闲坐,母亲推门而入,随之而来的还有一个十一二岁的孩子。这孩子我常在小区里见,却不知是谁家的。女孩儿羞怯地走到我的近前,从贴身书包里掏出一本作业本,娇娇地开口:"姐姐,你能教我做一下这道题吗?"我懒懒地接过。母亲在一边插话:"这孩子在亭子里做题,不会了急得哭,我就想,你一定能帮她。"

小学五年级的题,我自然会的。我一步一步讲给女孩儿听,最后她嫣然一笑,甜甜地向我道谢。临走还不忘在我的耳边轻轻一语:"姐姐,你笑起来真漂亮。"

我恍惚,自己多久没笑过了。

从那以后,女孩儿竟成了我这里的常客。有时是拿一本数学题,有时是一篇命题作文。

一天,她问我,可不可以再带个同学过来。我心情大好地答应了。她再来时,真的带来一个。后来,她俩经常结伴而来,做完题还要说笑一会儿才离去。有了她们的陪伴,我一扫落榜带来的阴霾,渐渐快乐起来。

那天,看了半天的书,头昏脑涨。我站起身,望向窗外。我不知该后悔还是该庆幸这个时候站起来。我看见终生难忘的一幕:母亲站在亭子里,往两个孩子手里塞什么物件,从缤纷的颜色看,像是某种零食。而那两个孩子,竟是我的那两个常客!

我第一个反应是,母亲在贿赂那俩孩子!如此,那孩子的来访便不是偶然,而是一场交易。

我心绪难平。我虽惨败,但还不至于以这样"卑微"的方式博得同情!

母亲回来脸色如常,我却难掩愤慨,冲着她劈头来了一句:"谁要你那样,我不需要怜悯!"

母亲呆住,怔怔地看我。看得我更是气急,一抬手,桌上的书尽数落地。

母亲没作声,默默蹲下身,拾起书,抽身而出。

默不作声不就等同于默认吗?我暗笑。对她淡然,疏远了很多。

女孩子再来我家时,我也没了往日的笑脸。但是,那两张如花的笑脸我实在不忍心去驱赶，只是枯燥地讲解之后借口说不舒服要她们先回。

孩子毕竟是孩子，对我的突然冷淡没起一丝疑心，仍旧常来。

一日，我在小区闲走，忽听两个阿姨在亭子里谈天儿。一个说，孩子最近功课进益了不少。另一个问，上的哪个补课班？刚好我走到近前，第一个人指着我说，就是去她家做功课，××家的女儿，好厉害的。猝不及防地，我的脸羞得通红。

我鼓着勇气上前问，是不是母亲要求她们送女儿到我那里的。她们一脸疑惑地望着我："没有，听孩子说在亭子做题，被你妈妈撞见，就带去找你的。"转而拍我的肩，"不错，改天阿姨一定要好好谢你。"

女孩儿们再来的时候，我旁敲侧击地进行盘问。果然如阿姨所说，是亭中偶遇。至于那天我所见，只是女孩儿要给母亲糖果，被母亲反塞回去。

我呆怔，一时无语。

再看母亲时，愧疚的情绪像荒草一样在心里疯长，扎得我坐卧不安。但是，不知是我实在是个木讷的孩子，还是和母亲过于疏离，任凭练习多次，那致歉的话语终是说不出口。

直到那天，我站在楼梯口，忽然听到一阵沉重的上楼声。我突然来了兴致想瞧瞧来人是谁，刚拐下一层楼梯，那人已经上来了，竟是母亲，手里捧着个硕大的西瓜，额头上全是细密的汗。

我上前，接过她手里的瓜。那瓜足有十几斤，坠得我的手腕酸胀难耐。

"妈，你又不能吃买它做什么？"母亲血糖偏高，医生建议少食甜食。母亲抬手拭去头上的汗，轻喘着说："你不是最爱吃吗？妈真是老了，一个瓜都搬不动。"边说边蹒跚地走。我跟在后面。再看她蹒跚的背影时，泪水决堤而出：六楼，十几斤的硕大西瓜，不是因为深爱，怎会去做。不是母亲，谁又会去做？

"妈，对不起。"到了家里，我说。

母亲微怔了一下，捧过我的脸，大声地说："傻孩子，你快乐，我就好。有什么可道歉的呢？"

因这句话，我的心里又润湿了一片。

臭小子与姐姐的还珠缘

暮色琉璃

序　言

我想，等你长大以后对我说："臭小子，你姐给你写的文章在很多地方发表了呢，偷着乐去吧。"然后颇自豪地把文章塞给你，嘚瑟地让你念给我听。为了这个自豪的画面，我想我该把这篇文章写得更好一些。

第　四　天

第一次见到你是你出生后的第四天，我十三岁，才上初二。

那时候我们的缘分就被琼瑶阿姨连起来了。我出生时老版《还珠格格》热播，你出生时，新版《还珠格格》热播。

刚出生不久的你皮肤红红的，眼睛还没能完全睁开，小小的一个人儿躺在摇篮里，睡得很安然。我皱着眉头透过蚊帐看你，幽幽地吐出一句话："这娃儿真难看，一点儿也不像他姐我。"妈妈哭笑不得地说："以后会好看的。"我眯了眯眼，表示了大大的怀疑。

四颗牙齿

到后来我不得不承认你开始变好看、变得可爱了。皮肤白白的，两颊鼓鼓地全是肉，早早长了牙齿。你长了四颗小牙齿的时候就能吃一大个鸡腿，这是妈妈逢人必夸的事情，然后她会回头跟我说："晓玉你啊，还没弟弟厉害呢。"

我郁闷了好久，不过你牙齿的厉害我是领教过了。记得那次我裁纸时，你坐在旁边嘴里咀嚼着什么，我尖叫一声，让你赶紧吐出来，你却抿紧了嘴巴，我只好撬开你的牙齿把纸抠出来。结果你狠狠地咬到了我的食指，痛得我倒吸凉气，你却大声哭叫起来。我狠狠地瞪了你一眼："臭小子，咬了我，你还哭！"你不敢哭了，撇着嘴泪眼汪汪地看着疼得流泪的我，把纸拿给了我。我又被你的乖巧样逗笑了。

永远的姐姐

知道我喜欢你什么吗?

你第一个学会叫的,不是"爸爸",不是"妈妈",而是"姐姐",没有人教你。

你玩儿着玩儿着会突然跑来亲一下我的脸颊。你走路的时候习惯拉住我的食指。

你喜欢和我抢东西吃,喜欢吃饭的时候让我喂。

妈妈说,有次你看到有个发型、衣着和我一样的女孩儿,你跑过去拍了她一下,叫她姐,女孩儿回头,你发现她不是我时,又屁颠屁颠地跑回妈妈那里去了。

我把这件事告诉宿舍的朋友们时,她们说你很可爱,说咱俩很像。

我又想起我们初相见时我说的"这娃儿真难看,一点儿也不像他姐我"。

贺润楠,其实姐姐很爱你。

你小时候姐姐抱着你哄你睡觉,唱歌唱到声音沙哑。

你睡觉时枕着姐姐的手,枕到手麻也不敢动,怕弄醒你。

你练习走路时是半夜,姐姐顶着睡意陪你在房间里赤着脚走来走去。

你牙牙学语时姐姐一遍遍地教你"妈妈""爸爸""姐姐""阿婆"。

你闹的时候姐姐给你背唐诗，背三字经。

你哭的时候，姐姐扮鬼脸逗你。

就连你欺负姐姐时，姐姐也只是宠溺地扭扭你肉肉的脸蛋儿。

好想长叹一句："臭小子，珍惜吧！打着灯笼也找不到我这么好的姐姐了。"

给你的话

现在你会走路了，来学校时我领着你到处骄傲地说："这小正太是我弟。"待到什么时候，时光流转，我到你学校时，你能领着我到处骄傲地说："这大靓妹是我姐。"那我就很幸福了。

臭小子，现在你已经一岁多了，姐姐希望你快点儿长大，然后好好"孝敬"姐姐呀！

陪你看过烟花雨

小　漾

他们一定会和好，而我们终将陌路

柯一梦哭丧着脸滔滔不绝地向我讲述他和他徒弟对话的详细过程。我无暇细听，瞬间想起座位与我成黄金对角线的小楠。

小楠曾是我的徒弟，我们和柯一梦与他徒弟的经历很相似，都是投缘相遇，傻瓜一样默认为师徒，最后聊得没话题……但凭我比天气预报灵一万倍的第六感，我断定他们会和好，而我们再也回不到从前。

想到这里，不由觉得从左臂传来隐隐的疼痛，一个声音以一百四十分贝的音量对着我的耳朵大声喊道："你到底有没有在听我讲？！"我猛一回头，用力地拍掉柯一梦掐在我左臂二头肌上的爪子,把头埋进书桌膛。

除了甜美可爱,我再也找不出更恰当的词

可能是《西游记》热播的缘故造就了这个师父徒弟泛滥的年代,走遍大江南北哪儿听不见类似"师父""八戒""徒弟""悟空"这些大众化的称呼?以至于走在大街上随便叫一声"徒弟"就会迎上大批人的注目礼,回头率暴涨。

而小楠是从坐我后桌时开始叫我"师父"的。

小楠是一个可爱的女孩子,娃娃脸,翘马尾,调皮任性,长得像个小孩儿,以至于我每次看到她总是想在她脸蛋儿上掐几下。我很词穷,除了甜美可爱,我找不出更美好的词汇来形容她。

我想就这样保护她,以师父的身份

小楠是一个重感情的孩子,一点儿小事儿就可以让她感动到流泪,也正因如此,我们之间的熟识度成吨增长,我们渐渐了解彼此,在乎彼此。在我心里,她就是那个能陪我说心里话的人。

微机课,我们一起上;下课铃响就预示着我要去小楠同桌的位置上坐上十分钟;午休从网吧回学校的路上还不

忘带回一杯快客给她……

小楠遇见烦心事也总会向我说起,她细腻的小心思和小朋友似的表情,让我想一直就这样保护她,以师父的身份。

身为师父,我的任务就是教小楠学会转笔,轮转上翻,其实只是重复着很简单的动作,而小楠却总是很笨地学不会,我拍着小楠的脑袋笑她又懒又笨,小楠嘟着小嘴怪我不好好教她。

她别过脸去,我看不见她的表情

下课,我照惯例挪向小楠旁边的位子,几个哥们儿凑上来猛劲儿地咳嗽。

"得哮喘的到一边找药吃去!"我反击。

损友的脸拧到一起,狼狈为奸地笑:"哟,我们打搅了,不好意嘞!"

我抓起纸团丢过去:"别瞎扯,这是俺徒弟,你们哪儿凉快哪儿待着去。"

他们狰狞着走了。再回头看小楠,她把脸别过去,我看不见她的表情。也许这就是男生和女生最大的区别,男生自以为没什么就不以为意,而女生却心思缜密地把一切记在心底。别人只是开玩笑地八卦了一下,并无恶意,我也没有放在心上,可是从那天以后我很敏锐地察觉到小楠渐渐与我产生了距离，她不再与我谈论她的生活、她的家人，而是经常缠着她的同桌，不给我让座位，让我们的谈话没有了空间场所和余地。

这些我权当是错觉吧，然而不久我就被现实一棒子打醒了。那节下课，我趁小楠同桌不在的空当跑去找小楠，小楠说她很害怕有人说闲话，我极力地解释，小楠说以后尽量对我不冷漠。可待我再去她座位旁看她时，她却没有了从前的热情、可爱和孩子气。我感觉到她有些不耐烦地赶我走。她说，以后没事儿就不要总过来了。

徒弟，我终是失去了你

也许小楠长大了吧，她不再需要我，不再需要我的关心和保护，也不再对我嘘寒问暖，不再向我吐露她的心声，不再在冰天雪地里帮我拉好外套拉链，不再把玩我送给她的小惊喜……

小楠害怕闲话，把我推得远远的，而我还想尽力复原我们的友谊，因为我知道我们没什么。只是被胡侃作别人的笑料罢了。

新的学期原本以为学校会把各班重组，然后我可以第一个去新的班级看她，可是学校破例没有分班。

即便还在一个班，我们却没再说过什么话。我们没了共同语言，陌生到不曾认识一般。

到底是什么魔力让一个小孩儿一夜之间变成了一个对我感到恐慌和让我看不透的人？企鹅上，她的头像很少再亮起，而在我的好友管理器里，她却是隐身可见的唯一那个人，也许这就是世界上最遥远的距离吧？

她好用力，把我推得这么远，我们连隔着银河唱山歌的份儿都没有了。天知道我有多不甘心，仿佛就在一眨眼之间，刚才还和我谈笑自若的小楠拒我于千里之外。人总是要走陌生的路，看陌生的风景，听陌生的歌，难免会这样。可是为什么每次我刚拥有一丁点儿就要失去所有？我是撞南墙专业户，但也会有那么一天，一切把我的激情打得落花流水，我撞得头破血流，再也撞不动了。

都回不去了对不对？我是不是该放下了

柯一梦发来短信说他们和好了，果然不出我所料他们复原了，可是我们呢？

本不该留念，本不该婆婆妈妈，单曲循环着《后会无期》，我的神经被揪得生疼，我很没出息，放不下。

连我自己都想不明白我舍不得的是什么，是突如其来的疏远难以接受，还是越得不到越想拥有的贪婪？可是我想要的并不多，我只是想能够像最开始那样不卑不亢、不离不弃，可是回不去了，是不是？

我们相处了一年多，我觉得我最对不起小楠的就是让她为我掉下了眼泪，掺杂着难过和感动的眼泪。

柯一梦笑话我："都僵成这个样子了，留恋还有什么用？"

我瞥了他一眼道："你们当初掰得四分五裂的时候你是怎么往死里难受的？现在倒是站着说话不腰疼。"

柯一梦瞪大了眼睛说："你又不是没尽力挽回过，既然不能回到从前，又何必强求？"

我看见以前和我嬉笑打闹而如今对我不闻不问视而不见的那张脸，或许我该尝试忘记，努力放下。

尾　声

想起蕾朵在《再也回不到从前》中写她和英子："装得再好，也回不到过去，我和英子笑得再大声，也笑不回曾经。"不知道这句话是不是很适合我们。

丫头，你想过吗？让你变得成熟的人就是最在乎你的人，让你长大的人就是把你伤得最深的人，我放不下你，就尝试作践自己转移注意力，但越是这样就越放不下你。

徒弟，我是有多大的毅力才说服了自己没有回去看你一眼。因为那天你对我说，让我别回来打扰你。

我无法面对两个曾经很要好的人如路人擦肩而过的那种尴尬，你躲着我，我也躲着你，出奇地默契，不知道这样会不会加大撞见的概率？

徒弟，我还是想这样称呼你，虽然你早已不承认这一点。

徒弟，可不可以开心地告诉我，我们还可以笑回曾经？

如果不久以后我们相遇，我想说那句迟到的：No matter what happened, I will be there for you（不管发生什么事，我都会在你身边）。

鸵鸟物语

银 灰

当我一边吃着沙琪玛一边洋洋洒洒地写下这些文字的时候,或许你正因为放假而赖床中,又或者跟着室友一起欢欢乐乐地逛街去了。我们已经分别一年了,菜鸟,我又想你了。

当你掰着手指头说你第一喜爱的零食是什么第二喜爱的零食是什么的时候,我正一脸无语地看着你。我也就只记得你的第一喜爱是沙琪玛,其余的任我怎么想都想不起来了,或许是因为沙琪玛跟我们的渊源很深吧。

每天早上第三节课下课我们定会准时地出现在学校小卖部:"老板,四个沙琪玛。"豪气的一声吆喝,老板乐颠颠地把它们奉上,于是我们就地解决了饥肠辘辘,舔舔满是砂糖的嘴,就像《火影忍者》里的忍者们恢复了查克拉一样,干劲儿十足地回到教室。尽管有时你也会皱着眉头埋怨自己经济有压力吃了这顿没下顿，可第二天却依然土豪地对我说："想吃什么？我请！"你会对别人假装大方，然后在私底下着急地问我某某向你借了十块钱到现在还没还怎么办；我也会跟你抱怨后桌管我借了两块钱也没还，但他好像给忘得一干二净了……

当你一边舔着冰淇淋一边抱怨自己有增无减的身材时，我不禁暗暗佩服你真不愧是一个货真价实的吃货。菜鸟，我最近在减肥哟，因为我们说好要当瘦子的，这样才能拐到好看的男生当男朋友哦。

叫你菜鸟是因为有段时间你看了《我是特种兵》后"亲切"地称我为鸵鸟，你笑我的行为就跟鸵鸟一样，为此我鄙视了你好久。

前阵子生理期来了，肚子疼得我整节课都趴在桌子上冒冷汗。新同桌没瞧出端倪来，还以为我在睡觉。要是你，一定一下子就看出来了，就像上次，我只是脸色难看了点儿，你马上就知道我不舒服了。每次看见我痛苦地捂着肚子趴在桌上冒冷汗，你都会手足无措，想要帮我却不知道该怎么做，一会儿拿书帮我挡住不让老师看见我在趴着，一会儿凑过来问我还疼吗，或者直接背起我那沉重的书包去跟老师要假条。菜鸟，你知道你无措时的神情深深地烙在了我的脑海里，成了我抹不去的记忆吗？

你总是说遇见你这么好的同桌是我三生有幸，有谁会总把好吃的零食偷偷藏好拿来给我？有谁会在我不小心骑车撞到人害怕时豪气地说回去十倍补偿我？又有谁会在我写文章写得很烂的时候鼓励我？你说看到我给你寄的零食很惊喜很感动，但你给我的感动又何曾少过？

我们曾经很美好地憧憬日后要考同一所学校进同一个班级继续做同桌，我们还要合伙在网上开网店卖精品，并且在将来为对方物色男朋友……但终因我跟不上你的步伐而丢失了这份梦想，十六分之差，我们天各一方。

菜鸟，我现在很好。新同桌人不错，除了总喜欢跑厕所还要将我拉去之外；前桌的班长成绩很好，成了我要赶超的对象；班长的同桌是个美女，好几个班上的男生都向她献殷勤……

那菜鸟，你呢？你现在过得好不好？一定结交新的小伙伴了吧？其实我最想问的问题是——你说，我们的友谊会不会真像我们说过的那样天长地久？

愿你百年安生不离笑

愿你百年安生不离笑

鱼尾与树

3月28日，像是个特殊的日子在干净的日历上被宋念安圈了圆圈又打叉。只剩下不到三个月了，是的，那个曾经宋念安不以为然的中考如今在她的心里得意地叫嚣着。

"宋念安，你不要不识好歹！你不替你自己想想，也要为你爸妈想想。你爸妈又不少给你别人有的任何东西，你有什么资格随随便便说放弃？"在那个小巷里，林鹿冲着刚说不想读了的宋念安吼叫一通。"你看你，我不就随口说说。"宋念安轻松的语气好像是开了个玩笑，但心里却早已被汹涌的委屈酸了鼻尖。

林鹿，你不会了解我有多想逃。也许成长就是逐渐成为我们所讨厌的人，为了爱你的人骄傲，必须丢掉一些东西，比如自由。所以林鹿，我想成为你的骄傲。宋念安死死地抱着日历，那尖锐的吼叫像是一把刺刀狠狠地刺向了过去的那个宋念安。

我相信时间会把我们带到最好的以后

七岁的时候，林鹿第一次见到宋念安。那个时候长得像个球的宋念安肥嘟嘟的小脸惹得林鹿在一旁边扮鬼脸边鬼叫："宋念安是猪八戒！宋念安是猪八戒！"宋念安气得红了眼睛跑去向林妈告状。之后刚搬来的林鹿一家常常接待这个红着眼睛告状的小活宝。

十三岁的时候，宋念安和林鹿成了班里的两个极端，一个是被老师捧在手心成绩优异、乐于助人的林鹿，另一个则是成绩不好、性格孤僻的宋念安。记得一次，宋念安深情地望着班级排名表笑靥如花地对着林鹿说："君在头，我在尾。小心一点儿啊你，风水一转就是我在头了哦。"林鹿在一旁笑岔了气。

十六岁的时候，林鹿教会了宋念安成长。在那个小巷他用狠到骨子里的话给她一记漂亮的耳光，又给了她无限坚定的希望。

"林鹿，很高兴九年前认识那个不嫌弃我又傻又胖的你。我不会再去害怕以后，我相信时间会把我们带到最好的以后。"宋念安独自一人站在夏初阳光照耀的地方对着以后发誓。

没有你，我不会用力成长

一天之间，宋念安像是个改造好的犯人。课桌上少了七七八八的漫画，多了许多沉甸甸的资料书；少了下课伏在课桌上睡觉的身影，多了追着老师问一些简单又陌生的题目的背影。

没有人知道这个女孩儿发生了什么，也许她自己也不知道有多少力量与勇气在支撑她。

时针滴答到了凌晨。宋念安习惯地揉了揉眼睛。这天杀的英语！三十道题哗啦啦错了十七道！绝望得让宋念安想哭，"看来明天得叫老妈多煮点儿乌鸡汤补补脑了。"无奈地苦笑。这几天的熬夜复习把宋念安的黑眼圈加重描黑。每天早早地去学校早读，总是最晚一个出教室让宋念安觉得自己成为无比英勇的好汉。她苍白地笑着告诉自己没有到不了的明天，就算撞了南墙也绝不回头。她希望有朝一日能骄傲地告诉那个优秀的少年："林鹿，没有你我不会用力成长。"

我们像家人

"小鬼最近脱胎换骨了啊，不会真的要赶超我了吧。"看着红榜上"最佳进步奖"第一名的宋念安同学，林鹿开玩笑地装出一脸恐惧状。"你好好抱着你的第一名，哪儿凉快哪儿冻着去。"是的，连上厕所都已经觉得浪费时间的宋念安像个时间的吝啬鬼，没有太多空闲去骄傲去自满。两个月的努力终于换来了以前所不屑的成绩。

当然，宋念安始终感激着林鹿。模拟考的前两周，林鹿把厚厚的笔记本拍在宋念安的桌上："我帮你复习，你要认真听。"不是询问而是要求。宋念安这次没有故意作对，而只是虚心地翻开错得一塌糊涂的练习本抱歉地冲他莞尔一笑："林老师，你不收费吧？"

看着多少日夜挣扎取得的成绩，宋念安少见地对林鹿说了声"谢谢"，语气像是家人一般不掺杂丝毫客套。

我努力睁眼是为了看得清远方的你

6月30日，中考结束。

盛夏将至，林鹿收到了宋念安的手信，那清秀的字迹顿时让林鹿湿了眼睛：林鹿，我努力睁眼是为了能看得清远方的你。

信的背面有着宋念安最好的祝福：愿你百年安生不离笑。

非少年即蓝颜

袁旭飒

长达三个小时的通话，你像个话痨似的喋喋不休，与我说起读书时与人打架时的英勇、外出打工后遭受的屈辱以及历经世事后明白的道理。我们相识已有五年，前两年在学校里与你算是熟络偶尔彼此打趣，你辍学后的三年我几乎对你一无所知，除了节日客套的问候以外甚少联系。我们没有过深度交流，若是细分，这通电话才是我真正靠近你、了解你的开始。

刚认识你时，你已经在一群留着小平头中规中矩穿校服的男生里显得与众不同了。你敢违反校规穿干净的衬衫和牛仔裤，前额细碎的头发几乎要遮住眼睛，遮不住的是眼里的桀骜和叛逆。你仿佛早早地进入青春期，少年该有的莽撞、冲动和傻气在你的身上体现得淋漓尽致。给自己喜欢的姑娘用血写情书，为自己所谓的兄弟两肋插刀，面对老师的批评和学校的处分总是不屑一顾下次照犯，因为与人一言不合就挥动拳头，下课躲到厕所抽烟……那时的你拥有张扬的个性和尖锐的棱角，盲目地叫嚣，拼命保护自己却又幼稚地伤害自己。

现在，电话里的你，语气和缓温暾，话语句句在理并且有说服力。我想你的眼神里也应再无当初的凌厉。你说你戒烟戒酒因为知道身体很重要，已经喜欢穿松软舒适的棉质衣服，不再为了酒肉朋友兄弟义气打架，你说你知道自己就是一个普通人，没什么牛的，该低头时低头，该卑微时卑微，现在只想努力工作。我知道，你在一步步趋向优秀，逐渐褪去青涩的外衣，这是时光、经历、社会共同给予你的礼物，残酷又珍贵。你离当初天真不切实际的自己越来越远，变得越来越像骨子里既定的真实的自己。

你和我说起追求过的姑娘，语气里带着调侃。我在电话这头轻笑，心里有些许波澜，几次都想用自然的语气问你当初是否对我存在丝毫的好感，可最终都欲言又止。心里坦然，有与无现在看来都没有任何意义。当初的那些小情愫像时光一样没有办法库存，在微风里摇摇曳曳最终消失不见。那句话多令人灰心，过去了就是过去了。

我几乎做过所有卑微的暗恋者做过的傻事：写大段大段的日记，缘由不过是你的一个与我无关的眼神或微笑；躲在角落里看你在篮球场上挥汗如雨心里满是幸福；出现在一切你会出现的地方，"偶遇"后又装得若无其事；把与你有关的零散记忆一遍遍与闺密说起，仿佛那是一颗永不失味的糖果每舔一次都会有甜蜜……

你辍学打工后，我知道我此生的第一次暗恋就要无疾而终了。之后想起你也只是偶尔，并且心里再无波澜。时过境迁，会嘲笑自己当初怎么那么傻，傻到那么用力那么固执地暗恋一个自己根本不了解的人。或许当初，我不过是将对爱情的幻想强加到你的身上，我喜欢的并不是你，而是一场幻觉。

你在电话里毫不避讳地向我展露自己，我深知你是拿我当朋友，我亦如此。在经历了懵懂、暧昧、纠结、挣扎以后，我终于摆正了你在我心里的位置。友情，是最适合我们的关系。

你不是我的少年却是最好的蓝颜。

那年春天特别美

张五朵

你在天边还好吗？你已经离开我六年了。

亲爱的朋友，我多么喜欢你。初中我们同班，留一样的发型，背一样的书包，穿一样的鞋子。那个时候好多人说我们好像双胞胎。你那么可爱，古文常描述女子"明眸皓齿"，用它来形容你最恰当不过。你离开后的这几年，我常常把自己幻想成在沙漠中行走的旅人，在迷途中三番五次用自我欣赏的方式鼓励一个孤独而又自信的女生，看她在最美好的季节里绽放，她总不能忘记那些和你一起度过的青春时光。

那些放学后安静的教室只有我们俩的日子，那些傍晚空荡荡的路上只有我们俩的日子，那些边跑边讲的眉飞色舞的日子，一起厚脸皮地在美女老师课上"争风吃醋"的日子，互相使唤着对方买红豆包的日子，在语文课上看小说、看杂志的日子,每天碎碎念"拿什么拯救你,我的数学?没能解救你于水深火热之中,我很痛苦……"还有你至今其实都没明白原因却又陪我跟踪某个男生回家的日子……亲爱的朋友,那些日子让我永远怀念。

有一段时间我的体重呈直线上升,肥胖,这个在青春期被我们视为狂蟒野兽的东西在我心里蜿蜒盘旋。那个时候你每个星期六都会和我出来长跑,骄阳似火,跑道就像一个大烤盘,可我们却在火一样的天气里披荆斩棘,脚步不停。衣服被汗水浸湿,我们所到之处空气满是汗味。减肥最重坚持,我曾经好几次想要放弃,破罐子破摔,而你却一直都在我快要放弃的时候鼓励我。以至于后来这几年我遇到很多难题,也许很多比减肥更棘手更让我绝望,可我依然记得那个在我几度决定放弃时跳出来鼓励我的你,让我学会了逢山开路、遇水架桥。

那个时候我们跑完步,回到家里洗个舒舒服服的澡,然后枕在一个枕头上睡觉,醒来的时候发现自己的小狗和我们一样趴在床上睡得正香。

春天我去看你,我说以前我们在一起的时候啊,你会把早点的果汁给我,我会把从家里带来的牛奶给你。我们可以用一个早晨的时间,爬上山头,执着地等太阳升起。

你总是安静地听,一言不发。没有人比你更深谙无言之美好,对于沉默如金的你来说,无声胜有声。可你不在了！不是聋哑、失明，不是失踪、残废，而是在这个世界上再也看不到你摸不着你，只留下一段曾经的时光，让活着的人黯然神伤。

我们常常谈起梦想。

"我的梦想是有一间属于自己的大房子，有很大的落地窗。白色的墙壁上挂满我喜欢的画和相片，大大的复古式书架堆满我喜欢的书籍，书房里不能缺少绿色的盆栽。天气好的时候躺在地上看书，打开落地窗让阳光洒满地。"你说。

"还有旅行。"我说。

"那是文科生的浪漫主义。"你说。

"那我也要去，和你一起。如果有足够的钱，带上单反，吃上很多很多美食，走很多很多地方，拍很多很多照片，写很多很多的文字。"

"你说得很美好，令我向往。如果心有所依，到哪儿都一样。"

"青春很美好，我要好好享受。"

"要相信温暖、美好、信任、善良、坚强这些老到掉牙的字眼儿。"

……

很多夜晚，我们一起散步，微弱的路灯照着你可爱的侧脸，你轻快地迈着步伐，破旧的帆布鞋一跃一跳，你笑眯眯地说："今晚吃太饱啦，我要赶紧消化消化。"

很多人都知道你如此可爱，只有我最懂你孤独无助的生命。

成长时骨节拔高的痛楚、父母的缺失以及年少时颠沛流离的生活让你过早体验了生活的酸甜苦辣。

那个星期天的午后，阳光懒懒散散，被参天大榕树分割得支离破碎，你站在午后的阳光下，单薄的身影被拉得老长老长。

你说你要走了，或许不会回来了。你说你急需更多的东西来填满那日益膨胀而空虚的心，你不知那是什么，但你必须去追寻。你说你要把那些浮如飘絮的思绪，渐渐转换为清晰的思路和简单的文字，你说这条人生路是你自己选择的，不管是一帆风顺，还是跌宕起伏。你说我们一起吧，在外面租一间小屋子，写点儿东西，换点儿稿费。

我们在一起住了三个月。

我们经常一整天坐在阁楼上，开着天窗，沐浴着从窗外流淌进来的充足阳光，我们做一些很自我的事情，例如阅读，开始自省。

那段时间我会整夜不睡地陪你说话、写作。我带着一张钢琴的CD成天地放。有时候你深夜坐起的时候看见小小的阁楼里我安静平和的侧影，完全异于当初逃离时那种兴奋与期望。你开始明白，我逃离的那个世界，掺杂着我最需要的感情。

于是你一个人悄悄地离开了。

你说："你是我最好的朋友，谢谢你一直陪我，你要记得，如果你不开心，我就会很难过。"你说："你要坚强，如果你被这世界埋没了，我会比你更难过。"你说："那个世界不适合你，你有你爱的父母，你要报答他们的爱永远是无法逃离的，我们要走的路太远，彼此相伴不了。"

是的，我愿意放弃和你一起规划的未来，把我自己交给考试，交给生活，交给仪式。看到你走后的留言我才慢慢地意识到，一直以来是你陪伴在我的身边，你早已知道我想逃脱的是一种无形力量的束缚，但都是无法割舍的亲情。所以你帮助我完成了这样一场逃离，让我在往后的日子里更加懂得珍惜。

很多年过去了，现在想起这些往事我依然会泪流满面，我至今都无法跨越你已离世这一事实。地震发生的时候我还在上课，对这件事情没及时了解，事实上，我连你在哪个城市都不知道。

当生命无可挽回地逝去，一切都成为过去，我才真正懂得，关于生命，关于死亡，我永远都无法参透，当你不得不去面对生命中重要的人离去的时候，你能做的，只有坚强和勇敢地往前走。

亲爱的朋友，天边那么远，春天那么美，待百花盛开，为我捎去祝福，愿来生我们还是好朋友。

快乐"四人组"

张小凡

我最初爱上高二（22）班要从我们"四人组"说起。

文科班就是一个阴盛阳衰的是非之地，我虽身属"阴派"，但我的心是"阳派"的。所以那一次班主任把我和亲爱的小菲同桌调到了两位男生的前面时，我的心里简直乐开了花。

我后面的两位男生，首先，他们的名字，咳，简直生来就是绰号的典范。靠南的这一位叫安琪，姓左。没错，他是男生，我确定以及肯定。靠北的这一位叫长江，姓仲。一位是西方上帝的神圣使者，一位是中国传统文化的伟大孕育者，中西方文化碰撞——没有暴力，他们很和谐。

早读课是长江同学最开心的时间，每每读到兴奋处，总是引起小鸡（钟厚基）同学的回头侧目。某日，小鸡同学终于忍耐不住,对他后面的孩子用足以让长江听到的音量说:"长江忘了自己是长江,他以为自己是黄河。"说完若无其事地转回去继续读自己的书,而我们后面早已笑趴了一片。长江抱着书满脸黑线地说:"第一,不要在我面前提黄河;第二,不要说我头大。"(两者其实一直都是长江同学的心病)话音未落,安琪故作惊讶,道:"呀,长江,你头真大!"于是,中西方文化碰撞了,这次是暴力的……

后来有一天早读课,我读着李白的诗,突然,火花碰撞,于是转身问长江:"李白有儿子没?"其实我是想问"李白有老婆没"的,不信你可以问小菲,我就是这样问她的,但她回答"不知道",于是我只能含蓄一点儿问长江。事实证明我真的太含蓄了,因为长江茫然地眨了两下眼后,愣愣地回答:"我不就是我爸的儿子吗……"我同样茫然地眨了两下眼,但我在眨了两下眼之后就明白过来了,他听成"你爸有儿子没"……

安琪是一个很天真的孩子。他曾经在小菲问为什么他妈给他起了这样一个名字时,非常无辜地眨巴了几下天真的小眼睛说:"不知道,那时我还不记事儿。"于是我们集体崩溃。但比起他之后做的那一件事,这个简直就是小巫见大巫了。

元旦临近,大家纷纷买贺卡寄给自己的亲朋好友。那些贺卡里总是会附带信封。那种信封是没有经过任何处理的，上面没有印用来写邮编和地址的格子，也没有注明"贴邮票处"。于是安琪这傻孩子就上当了。他写好一张贺卡，把它塞进信封，然后递给小菲，说："帮我带到邮局寄了。"我和小菲一看，哭笑不得——第一，一封没有写地址的信要怎么寄？安琪也太考验邮局工作人员的能力了吧……第二，一封没有贴邮票的信要怎么寄？难道邮递员都是喝西北风生活的？当安琪再次把信封递过来的时候，我真的哭了——孩子，您能把信封封上口吗？

我和小菲有时候会因为一点儿小事就吵架，然后谁也不理谁，哗哗地翻着书彼此做无声的抗议。这时候后面俩活宝便一唱一和起来："有些人哦，一天到晚生气哟。"

"就是啊，以后谁要是再生气，我们就把她扔窗外去。"

"对，扔窗外去。"

往往只到这里，我和小菲便忍俊不禁，都放下臭脸，握手言和了。

我们班调座位是前后大滚动型的，每两周调一次。在调位前的那个中午，我们都没有午休。长江从后面扔过来一张纸条，我打开一看，是一首小诗《无题》：

四人一组真缘分／仗义之情八方平／不知下午何处去／有了吃的自送来！

我看完后，笑了一下，提笔写道《和长江无题》：

缘分不能白缘分／仗义不能白仗义／有了吃的自送去

/前提条件是有空!

结果,就在我们兴致勃勃地渲染着"离别"的气氛时,班主任过来说:"特殊情况,座位下周再调!"我们当即傻眼,随后释然地大笑。

于是,我们"四人组"乘上快乐的时光列车,轰轰烈烈地驶向前方。

一路上有你

张志浩

掏出电话，果不其然，又是陈小颖那妮子……手机上赫然显示着三个字"陈妖孽"。因为户外模式忘了关，一直拒接，她就一直打，频率竟快到不让我把"铃音"调小。无奈，接吧。

"喂，妖孽，什么事火急火燎的？"

"肖晓，出来陪我看电影，就这样。十五分钟后，你家楼下见。"她的语气极其笃定。果然没好事，再打过去，无人接听。还是甭费力气了。我从书桌前起来，伸个懒腰就下楼了。与陈小颖出门，你完全不必注意自己的形象，因为陈小颖永远比你更邋遢，她信奉的人生准则就是"邋遢至上"。

陈小颖倚靠在香樟树下，那一片片盛大的繁馥，美好得让人窒息。"呃，今天我们看什么电影呢？"我深信她已经安排好了。

"喜羊羊。"

"打住,陈小颖,我都高三了啊!你成绩好无所谓,可我,我,羡慕嫉妒恨啊!"我总觉得自己三年的心血会在陈小颖手上毁于一旦。"抗议无效。"她抓起我的手把我拉出小区。我看着自己离书房越来越远,心中感叹——哦,不,不要去和一大群无聊的羊和狼虚度光阴。陈小颖转头,特鄙视地看了我一眼,我的这一点儿小心思还是被她看穿了。

电影院。人头攒动,我却"一览众山小"。边上都是些小孩子,他们畅谈、嬉戏、欢笑,我和陈小颖就这样厚颜无耻地赖在里面。整场电影下来,我都没好意思抬头。陈小颖呢?她竟然和身旁一个小男孩儿因为电影情节争得面红耳赤,我的天!

散场了。孩子们陆陆续续地走出电影院,笑着的,跳着的,闹着的,跑着的。一张张朝气蓬勃的脸映着特有的纯净,让人百看不厌。

而我看看身边的人——陈小颖,有你在旁已足矣。

我不是个会讲故事的人,也不知道怎样将故事描述得精彩动人。关于我和陈小颖的相遇相识相知,怎一个"狗血"了得。

一个秋日,天空蔚蓝而透明,阳光灿烂温和。我一个人漫无目的地走在大街上,事情就这样发生了。我被一个骑单车的男生撞倒,男生将我扶起,道了歉,转身正欲离开,陈小颖却不知道从哪里跳了出来,脸上赫然写着四个字——打抱不平。

"同学,你怎么能这样,撞了人就想跑,这属于交通肇事逃逸知道不?你看,这皮都蹭破了,天这么热,容易感染的,感染了就会有病菌,病菌感染就会发炎,发炎就会……"多大点儿事儿,竟被她说得如此严重,此人还真是有登台即兴演讲的天赋。

男生一脸无奈,一再示意自己真的有急事。

"你走吧!还看什么。"我"及时"插言。男生如蒙大赦,一副谢天谢地状。迅速逃离"现场"。

"哎,你怎么就这么让他走了?你不能这么懦弱,对待这种人,你就是要狠心,敲诈他个百八十块……"

"同学,就你这点儿本事还叫我'碰瓷'吗?"我也来个语不惊人死不休。"没有啦,我叫陈小颖,你呢?"女生一改"泼妇骂街"的口气。"肖晓。"就是这么相识了!接下来就是开学,莫名其妙的我和陈小颖成了同学。俨然小说中烂俗的情节。

两个好朋友之间的那些轰轰烈烈是不需要过多赘言的,村上云:"如果不了解而过得去,那就再好不过了。"

陈小颖,彼此知晓足矣。

记得我第一次看《悲伤逆流成河》时，哭得梨花带雨。齐铭终究没叫易遥"遥遥"，凭什么许森湘就值得齐铭叫她"湘湘"。可易遥却在那个令自己感到羞耻的母亲死后得到了答案，原来那个自己恨极一生的母亲，一直默默地亲切地喊着自己"遥遥"。

于是，我也想找个答案。发短信给陈小颖，问了一个现在看来无比白痴的问题。

"陈小颖，你是怎么称呼我的？"

"和你一样。"

我后悔自己没叫她颖颖，即使是被骗也值得。自己只是渴望被重视，一个人就够。

后来，我就开始发疯地寻找。父母离异多年，家里只有自己一个人，十来年，所有摆设都不曾大动。可是我终究未曾像易遥那样发现写着"遥遥的学费"的信封，即使那些幼时的照片，写的也都是诸如"肖晓几岁了"的简单话语。我的泪水，终是没找到值得流的对象。

一个百无聊赖的午后，把玩着小颖的手机。不知怎的，自己的电话拨了进来，来电显示的是"亲爱的晓晓"。莫名的我的手开始颤抖。掏出自己的手机，确定是自己不小心拨通了小颖的号码。然后，我就开始哭，止都止不住。

小颖跑过来问："傻瓜，怎么了？"我也没有回答她，一直哭一直哭。八岁那年父母离异了，他们把我扔给了奶奶。奶奶重男轻女的思想根深蒂固，动不动就打我。十三岁，忍无可忍，一个人回到了自己的家，父母每月定期寄来丰厚的生活费。十年中，我一直卑微着，不起眼，被忽视。我一度认为，哪天自己病在家里都没人会知道。十年来的无助和孤独让我迫切希望得到重视。那埋在心里的情愫终于在今天爆发，难以抑制……

小颖不知所措了，说着："晓晓，别哭了。"真的是"晓晓"，不是肖晓，我哭得更厉害了。泣不成声。

陈小颖，有你了解足矣。

岁月悄然，轰轰烈烈的高考从我们身上打马而过。之后就是高考查分。

陈小颖不出意料地超过重点线许多，我则勉强达到一本线。

"肖晓，我想到了一个笑话。"

"哦，说来听听吧。"

"有一所这样的学校，在学校的公示栏画了头猪，成绩越好的越靠前。一次有一个人好不容易考了第一，惊呼'我是猪头，我是猪头！'"陈小颖边讲边笑，没心没肺的。

"好无趣，小颖你就是猪头。其实，不必安慰我的。"

"呃，晓晓你填哪里呢？"显然。她在征求我的意见。

"杭州。"那个令我魂牵梦绕的城市。

"我也是啊！看来，我和晓晓会永远在一起的。"

当然，你猜错了，小颖没和我填同一所学校。因为她的成绩毕竟比我好太多。但我们彼此的学校离得很近，几乎是门对门。

笑容偷偷溢满嘴角，陈小颖，一路上，有你足矣。

我的QQ上你的名字单独一组

赵天毓

在我的QQ好友里面,你的名字被我分在单独的一组。

我给那一组取名:一生的朋友。

我不知道这一组的人数会不会随着我年龄和阅历的增长而增多,也不知道将来的某一天我会不会把你从这一组移出,但至少六年来,你一直在这个地方。

我喜欢叫你名字的最后一个字的叠音——宣宣。你也非常喜欢我这样叫你。每天,在学校的时候,我总会把这个称呼叫上几十次,以至于回到家里以后,你不在我身边的时候,我也会脱口而出:"宣宣,快来看——"话音未落,我就意识到你并不在我身边。于是自己傻傻地笑了。爸爸妈妈知道咱俩是死党,是闺密,所以倒是很理解我这样傻里傻气的行为。

我名字的最后一个字是"毓",你不叫我"天毓",不叫我"小毓",也不叫我"毓毓",偏偏叫我"阿毓"。好俗气啊,听得我浑身上下麻不自在,怎么听都感觉像一个小丫鬟的名字。我抗议了无数次你都充耳不闻。那天课间我拿着你的手机把玩,突然就想看看你手机里是怎样存的我的名字。于是拿我手机打电话给你。结果你的手机上就显示出两个大字——"阿毓",顿时我的脸色就变了。好啊,居然手机里也这样称呼我。我开始查找你手机的修改功能,想把我的名字改过来。可你却在一边轻描淡写地说:"别改,我写个'阿'字在前面,你的名字就在我通讯录的第一位了。"

我一下子明白了你的用心,感动得鼻子酸酸的。亲爱的宣宣,我知道你把我当成最好的朋友,从小学三年级你转学到我们班的那天起一直到现在;我也知道你为了能继续和我在一起,小升初的时候选择了我选的学校,尽管你家离学校那么远,初中三年来,你每天得有两个多小时是在上学和放学的路上;我还知道,初二那次我英语没考好,你知道我的分数后一下子就急哭了,要不是在那之后你督促我背单词背课文,我的英语成绩哪能提高得那么快……我是多幸运啊,能有你这样的朋友。宣宣,你不知道,在我的手机里,你的名字也在第一位,因为我在你名字的前面加了一个字母"A"……

虽然你比我小六个月,但从来都是你照顾我的。知道吗，宣宣，我多想高中三年也能跟你一个班啊，哪怕在同一所学校的同一年级也好，那样我就可以照顾你了，就像这些年来你照顾我一样。让我帮你拎那死沉死沉的书包，帮你打开水，帮你扫除，帮你编美丽的麻花辫儿……

宣宣，在我的QQ上，你的名字单独一组。你就一直待在这里好吗？别离开，让我们做一生的朋友。

冬瓜赞歌

竹天君

1

冬瓜，大冬瓜。现在是二十二点五十分，十分钟前，我正忙活数学作业，给一个函数画速写，刚提笔，我的脑袋里就冒出了你拿着笔一边敲我的头一边给我解题这样一个不和谐的画面。也对，毕竟你在外表现出的淑女形象到了我眼前全都卸装。我一挑眉毛，你就原形毕露，默契度不是盖的啊！

大冬瓜，你最忌讳我这么叫你。想当初，在教学楼的走廊上，我望着你朝厕所方向走去时的身影，倚在门边，运足丹田之气，爆发出惊天地泣鬼神的万里传音，内容恰恰是你的雷区："冬瓜，老班让你赶快擦窗！"刹那间，全楼安静……

"亲,姐们儿我不是故意的,只是距离太远,不得已嘛。"我讨好地拍拍你的肩。你一扬胳膊,打掉我的手:"姐们儿,我跟你说,这两天手工社团搞剪纸,姐用灵巧的双手可以在三分钟之内搞定一个窗花。怎么样,你要不要给姐练练手呀?!"你掐着腰,眼一眯,直接秒杀我!

几天后,逮着你和你妈通完电话在床上扭来扭去、嘻嘻哈哈的空当,我试探着谈起这天的走廊事件,委婉地表达出我的观点——没人知道冬瓜是你啊!突然你就安静了,仰躺在床上,看着上铺的床底板,向我伸出右手,很温柔地说:"去,给姐把抽屉里的裁纸刀拿来。"

我咬着被子,在心里问候了你千八百遍,最后一遍时,我猛然意识到,当时八成是大脑突发性短路,闲着没事儿去讨罪受。

2

说到这个称呼,我就不得不提一下你的另一雷区——床!没人能碰你的床,其实说成没人敢坐更贴近现实。

想当初,还没人知道你有这个禁忌的时候,一天早晨,舍长同学打破六点三十分起床的常规,早早从上铺爬下来,洗漱完毕,我躺在下铺半眯着眼看着她飘过来飘过去……恨恨地一咬牙,下学期舍管大妈再给我分到舍长下铺，我就和她干仗！眼看舍长擦完桌子，扫完地，一拍手，后退两步，悠悠地坐在冬瓜你的床上，开始往脸上擦香香。大概你是感应到不明物体的靠近，翻了个身，脸刚朝外，舍长一瞬间便飞出了三米远，还好咱宿舍空间大，不然舍长肯定得撞墙毁容。我顿时睡意全无，看着你收回大脚丫，半梦半醒嘟囔了一句："敢坐姐的床，不论是谁，踢！"

当天，全舍唯一一个外班舍友向你提出严正交涉，理由是看你不顺眼，欺人太甚，万一伤到舍长怎么办！

看来，不只我目睹了你的暴行啊！

不过你那一脚挺有效，还真没人再坐你的床，全都转移到了我床上！

你这人除了脾气暴躁，蛮横一些，其实还是挺好的。——摘自舍长的"获奖感言"。

违心！绝对违心……

3

再说说你的弱项——英语。十五个单项选择，有的考非谓语动词，有的考定语从句，还有的考点儿别的语法。其实眼瞅着，还真没人晓得这道题考的是啥，美其名曰"凭语感做题"。大家都很光荣，平均错四个，当然，题是有点儿难。你非常"有出息"地由上次写十个错九个，上升到这次写十个错十一个，多出来那个空着没选。下了课，姐们儿几个轮流参观你的卷子，顺便膜拜一下你这尊大神。亲眼所见时，每个人都凌乱了，上帝的确公平，单选让你全错，阅读理解让你全对……

我指着你的单项选择，划拉了一下："冬瓜，你怎么考的，命中率这么高？"你略一歪头，瞥了我一眼："连蒙带猜呗。"

第二天，你的签名变成——失败了就给自己找借口。

你的强项是理科，分科时你却大笔一挥勾了文。你的理由非常令人震撼而且文采十足——过一个不按套路出牌的人生。

冬瓜，我特佩服你的潇洒。当然，在不懂你的人眼里，你这是脸皮厚的表现。

4

就在刚刚，我给你打电话，无比激动地告诉你马上你就可以全国出名了。

你的声音异常动听："咋了，姐们儿，你上传我裸照了？"

我竟然没有损你，连我自己都觉得我的反应真神奇，我相当耐心地向你解释，是我写了一篇赞扬你的文章，明天发邮件给小编。千里迢迢呢！

"哦！这不还没发表嘛！"当时我真想削你，老是坏我心情。你这个烂冬瓜！

两分钟后，短信振动，我一猜铁定是你："姐们儿，就你还赞扬我？从实招了吧，这回是怎么给我的光辉形象抹黑的？"

于是，我就把电子稿给你发了过去……

几分钟后，来电振动。

"姐们儿，昨天我新换了一把特锋利的裁纸刀，明天拿你练练……"

呵呵，冬瓜，莫生气噻！

一二三，木头人

紫雪微晴

欸，你肯定没想到你会这样贸然地成为我文章的主角，我的木头人。

我想我和你这样安静内敛的男生是八辈子也沾不上一点儿关系的，原因在于你太安静，像个可有可无的存在。而我太过于喜欢喧哗，受不了你这个模样的。可老天偏偏给我个机会上演了这么一出很狗血的戏，如许多恶俗的青春小说的剧情那样，新生报到那天我的表坏了导致时间错乱，所以如你所想我很不幸地迟到了。走进教室里急忙寻找位置躲避着异样的目光，然后我瞥到一个靠窗的很角落的位置。我特淑女轻声地问道："那个位置有人坐吗？"话一出，我一身鸡皮疙瘩。但没办法，你愿意你的同桌是个看似淑女其实骨子里都是叛逆因子肆虐的人吗？你从书本里懒懒地抬起头，看了我一眼轻轻说了句"没有"，又埋下头继续看你的书。我悻悻地坐下来，好不容易有了容身之处了。可是我没有带书来，我在想肯定今天是我出门没看皇历。我只好又向你开口："喂。那谁！随便拿本书借我看。"你低头翻了一下书包，抽出一本生物书放在我的桌上。我翻开了，却什么都没有看进去。看吧，我就在假装我是个好学生给你留个好印象吧。

可能有人很好奇，为什么我会叫你木头人。刚开始我们认识的那会儿，你从不说话，一个人安静地坐着。在我进行了无数的言语轰炸之后，你还是面无表情地看着自己的书，我瞬间会有种你是面瘫或是聋哑人的恐怖想法。对于你视我如空气的行为我特别不爽，感觉自尊心受到挑衅，我大声咆哮："好吧。我今天说的都是废话，因为……"说到这里，我特意看着你的脸继续说，"因为你就是个废人，我和废人说的话当然就是废话了。"你转过头抛给我一个大大的白眼，还是很淡定地看自己的书。果然你的忍耐力不是一般的好，果然你就是个木头人，没有表情也没有言语。

这样一次小小的波折，我摊上你这个木头人，从此我的生活不可避免地变得不再平凡。

某次填校服尺寸，你趴在桌子上透过厚厚的镜片认真地看着我写自己的尺寸。等我交上去后，你眨着眼睛挺无辜又一脸淡定地说："你的校服填错了。"没有任何的询问，而是用肯定的语气。我茫然地搔搔头发问："哪里写错了啊？我记得我没有写错。"谁知你淡淡地从嘴里吐出："性别写错了。你不该是填男的吗？"轻描淡写的一句话把我给雷得外焦里嫩的。我全身上下哪一点没有很好地明确地告诉你我就是个女的？火焰在我的心里乱窜，要不是上课铃声及时响起我绝对一脚把你踹去太平洋游泳。原来，你安静的外表下藏着一颗彪悍的心。

我要看你的作文你死活不肯，所以我只有用着暴力的方式去和你抢，最后你不得不屈服。里面写的都是你的碎碎念，但有一股忧伤在字里行间弥漫。你说你希望在高中生活里能遇到一个真心懂你的朋友。看完我就笑了，很简单的愿望。然后我特大义凛然自告奋勇地说："我就觉得自己会是你想要寻找的那种朋友，你可以相信我，我会成为你最好的朋友。"你听到这话时肯定在想这谁家的姑娘这么自恋。你轻轻合上你的作文本，什么也没有说。其实你也不愿躲在自己的世界里，你也希望有人去发现你的存在，你也需要有友情的支持与安慰。好吧，本小姐决定了当你最好的红颜，听你吐槽生活带给你的不愉快。你听好了，不允许你嫌弃我。

我无数次听过别人描述曾经的你，他们都说你很安静，从来一句话都不说，连和你的同桌说过的话都不超过三句，说你有很深的忧郁症导致你的头发有一部分都白了。我知道他们没有大加渲染，可现在的你竟然能和我抬杠。我向你借2B铅笔，你抬起头慢悠悠地说了一句令我想掐死你的话："你自己不就是吗？"木头人，你的脑袋是被门挤了还是被彗星的尾巴扫过了？你竟然站在这里和我开着玩笑，并且语出惊人。看来你深藏不露嘛！

你以全新的形象出现在大家的面前，大家都说你变了好多，变得爱笑，也变得爱开玩笑。老班说他特佩服一种人，就是能使一个人变得更好。周围的人都说是我的出现改变了你，然后我特自豪地说："看见没，大家都说是我改变了你，你是不是该感激我一下？"你又扔出大大的白眼，说："不是你改变了我，那是从前没人了解过我。"看看，你又狡辩了，肯定一下我会怎样？事实证明，你从来不会肯定我，只会泼冰水。

后来的我们，也不知道是哪里不对劲了。我常常感觉到自己讨厌你，可是又会克制这种讨厌。你胃疼了在睡觉，我关心的话一句都没有说出，并且还在生莫名其妙的气，怪你挡着我出去的路。你不再像以前那样一个人低头走路，你也会和一群人边走边笑了，可我在那时深深厌恶着你的笑容。你也不例外，你常常冷嘲热讽我的行为，你常常和我一句话都不说。我们之间进行着没有硝烟的战争，我们固执地伤害着彼此，却没有一个人想先站出来握手言和。

那天你不用去值日，可你满校园地乱跑，我们想回家却找不到你。黑色压了下来，等不到你我们就提前回家了，有股小小的愧疚感让我惴惴不安。第二天我小心翼翼地问你："你昨天是不是一个人回去的？我们找不到你所以才先回去的。"你默不作声。我开玩笑地说："你怎么可以无视我？我是个很容易让人无视的人吗？"你紧蹙着眉头，生气地说："是你把我给彻底地无视，是你们都把我给彻底地无视了。"看着你的怒容，我有着深深的负罪感。

记忆中的你，不常生气，要是生气也只是一个人安静地坐着从来不会发这么大的火。记忆开始蜂拥而至。

我记得我胃疼得厉害趴在书桌上睡觉，你拿着水卡放一瓶热水递给我，前桌某个不知死活的家伙像平常一样假装和我作对，拿着热水瓶自顾玩着。你连忙去抢，略带怒意地说："不要玩了，她胃疼。"前桌悻悻地把热水瓶放在我的桌子上。你把我送回家，从那以后，我赖上你的自行车，你每天要绕远路送我回家。路上飞扬的尘土，有我们的欢声笑语停驻的痕迹。

我记得我留在教室里写作业写到很晚才肯回去，可你有个怪癖，从来不在班里写作业，你宁愿浪费大把时间满校园去游荡。黑色泼洒了整片天空，寒意也越来越深了。教室的人都走光了，我叫你先回去。你果断地摇了摇头，在图书角停下脚步，安静地看书。指针一圈一圈地转动，像是在诉说无言的感动。

我记得在一个寒意猖狂的早晨，赶上我带读，我把水卡扔给你叫你帮我把水杯放满水。你放的水很热。我说你想烫死我吗？谁知你淡淡地说了声："谁说是给你喝的？这是给你暖手的，手那么冷。"那份小小的感动盈满了心间。

我记得班里的人在吃番茄，我激动地抓着你的衣袖说："番茄啊番茄，我喜欢番茄，我想吃……"看着我一副快要流口水的馋样你笑着说："我家有。"这句话太有杀伤力了，我又一次激动地抓着你的衣袖久久不放，同桌这么多天你说的这句话太让我感激涕零了。第二天你果然就带来给我，并且连平安夜你都送番茄。不带你这样，平安夜要苹果好不？看在你送我喜欢的番茄的份上就算了。

我记得我最失落的时候整天不说话地望着窗外，那灰色的天际不停地砸下雨点儿，瓢泼大雨把我的心都狠狠地淋湿了。你想让我说话，你自顾自地讲了很多的笑话，然后一个人笑得很夸张，见我还是一副淡漠的状态，你又自顾自地说："看来我要去找些认识你的人商量一下怎么办，看来得给你组织一场'心理辅导'。"听到这句话我想抬起嘴角微笑，这句话没有一点儿温暖和鼓励的成分，可却像一抹明媚的阳光为我阴霾的生活带来一片明亮。

我记得我赌气的时候总是跟在你身后一直叫着"一二三，木头人"，高高瘦瘦的你穿越那片浓荫，有些叶子触摸到你的头发，有细碎的阳光在跳跃。我跳起来还是摸不到那些树叶，我更加赌气般地重复着"一二三，木头人"，你不生气只是面带微笑看着我孩童般的幼稚行为，都不知道你在心里鄙视过我多少次了。

……

记忆中的你，像是天使，带给我许多不能描述的温暖。可我们怎么会到如此针锋相对的境地，那个信誓旦旦地说要当你最好的朋友的我又哪里去了呢?

老班说,不要总是发现别人的缺点,不要太看透世界,要不然自己会受不了的。听到这句话你转过头对着正在轰炸作业的我说:"听到没?不要总是这样。"我微微一怔。是我们看透了彼此的缺点却不能包容才到现在的境地,还是我的行为让你觉得我不是个很好的朋友,所以我们才会上演了这出互相伤害的角逐?

分班那天,我含着棒棒糖淡然地看着书,你则在一旁看着视频捧腹大笑。像平时那样我狠狠地打了你几下,你微笑着说:"是不是又手残了?"我抬起头直视着你的眼睛,手又重重地打在你的肩膀上:"不是,要分班了,以后打不到了。"说这句话又多了几分伤感。其实我想说你这个同桌还不错,看到这句话你肯定想反驳我说:"哪里是不错,是很好才对。"看看,还总是在用词上计较。你总是叫我二货,我也会盛气凌人地说你才是二货,然后我们都叫彼此二货同桌。

我说过你要是选文的话,我们会有百分之五十的概率同班。你想都没想说你要是选文只会在文普班,根本不会在文尖班。我去看了分班情况,我在一班,你在二班,隔了一个教室的距离。我们之间,是注定不能再当同桌了。我的木头人,即使以后不在同一个班,我们还是会低头不见抬头见,我相信我们的友情还未完待续,那些我们一起度过的岁月会美好地存在着。

凤凰花开梦想重生

离开的正是天堂

千　律

我今年满十六岁，在中国一个很小很小的地方读高二，并且这个假期一结束，就是真正的"高三党"了。

十六岁的我让十三岁的我失望透了吧？

我的十六岁像一杯没有味道的白开水。我没有暗恋的男生，只有最爱的动漫人物名字叫夏目贵志；我的十六岁像一只不知道要往哪里飞的风筝，我有一个很想念很想念的大学，但是成绩也和分数线差得很远很远；我的十六岁像中了病毒的电脑，我常常和周围的人处不好，想靠近但一次次被各种烦人的事情阻挡。

我的十六岁像一部深夜档的无聊电视剧，十六岁悄悄跑来打酱油，语、数、外、理综才是主角；我的十六岁像古诗鉴赏角下被遗忘的注释，有没有都不影响人生的答题；我的十六岁像被卡在书页里的一颗尘埃，轻轻翻一下就飞很远，消失在寂寥的秋风里。

如果十三岁的我知道十六岁的我，一定会觉得可怕吧。

我打完上面这段文字就停了好长一段时间，那时候我没有办法完成它，因为接下来又是没经历过的时光了。

6月7号、8号，学校也终于在高考面前低头，放了三天假。

一放假我就开启宅女模式，作业还没处理完就爬上网刷微博。那几天的红人是"高考直通车"，我顺手关注了他。大家都喜欢叫他车君，可自从我关注车君之后，就不断被各种高考困惑、高考奇闻、高考感悟、高考试题、高考秘诀刷屏。我一个个地浏览，有的时候是和我一样是高二生，英语不好问车君该怎么补救；有的时候是某某地某考生由于各种原因没进考场大家又逮着一个理由骂高考；有的时候是最新的高考试题，我点击查看大图还是看不太清晰。后来6月8号那天英语一考完，我刷新页面，看见车君发了一条微博大意是说："你们解放了，你们自由了，你们不用再煎熬了，但殊不知你们离开的正是天堂。"

我一下子被这句话击中。那一刻我开始真正思考自己平平淡淡的十六岁，思考我恨到骨子里的高二。仿佛有一个声音在心底问我：明年这个时候你是什么心情？那场仗你准备充分了才参加的吗？……

我一个人对着电脑屏幕越想越多，到最后得出结论：

自然有一个无限青春的十八岁等着我,我怕什么?十六岁只是一个必须弹错的前奏,十八、二十八、三十八……甚至八十八,更远更长的未来在等我去谱写旋律。也许现在是地狱,是平淡无奇,是整天闷闷不乐整晚与各种试题做伴,但现在除了这样还能干吗?现在就是为以后奋斗的时刻。为了更好的十八岁,只能将就现在的十六岁。

十六岁不在美国,不在日本,十六岁在高二,在十三岁的后面,十八岁的前面,在我的路上安分并坚定地走着。

嗨，我坐在观众席

浅步调

没上高三之前，我怀着一种探秘的心理，总是喜欢观察那些正在上高三的学姐学长们。观察得久了，我开始能够在很短的时间内很容易地在各种拥挤的地方辨认出人群中的哪一个学生是在上高三的。他们有很多共同的特点，比如，一般都不怎么注意打扮自己；走到哪里都永远是一副低头匆忙的样子；很多人还会因为长时间不规律的作息，脸上冒着几颗青春痘。那时候，在上高一高二的我，很难想象到底是什么力量使他们在走路吃饭这种生活"必修课"中都无法放松下来。

等到我高二下学期结束的时候，班主任老师组织了一次"迎接高三"的演讲比赛。我们大家出奇地积极参与，想象着高三的荆棘丛生、坎坷密布，然后把一些克服困难、坚持不懈的励志名句加在演讲稿里，让台下听演讲的人备受鼓舞、频频鼓掌。看起来，整个演讲比赛非常成功和鼓舞人心。可让我感到意外的是，最后班主任做总结的时候，并没有像从前一样夸奖我们。只是淡淡地说："大家的演讲都很精彩，不过，我想告诉大家，高三，不是说出来的，而是一步一步走过来的。现在，你们仍旧坐在观众席，开学的时候，你们就站在舞台上了。"

真正地来到高三，成为一名高三的学生，我才第一次懂得"高三"这两个字的分量。有时候，它压在我肩膀上，压得我喘不过气来，也常常让我不知所措。而我也终于成了我之前喜欢观察的高三学生中很普通的一个，每天低着头匆忙地走路，早上起床眯着没睡醒的眼睛刷牙，看到额头上最新冒出来的青春痘想着我的梦想会实现吗？想着今天我能更靠近我的期望一点点吗？想着这样的日子会在什么时候结束呢？每天试卷满天飞、希望和绝望交织的日子，会在六月的艳阳里以什么样的方式终结？

从那时候开始，我常常在深夜或者凌晨从自己的噩梦里惊醒。梦里的我坐在高考考场，最后十五分钟要交卷的提醒铃声响了。可是，一翻数学试卷，发现试卷的反面却仍旧一片空白。我吓得怎么也静不下来，越静不下来越相信"这次，我死定了"的事实……每次，我都急得满头大汗，想着去不了北京了，想到努力了这么久却去不了自己梦想的学校，就委屈得泪水直流，最后挣扎着从梦里醒过来。然后，躺在床上，擦干眼泪。那么庆幸，还好，这只是一个梦。于是，在第二天太阳升起的时候，更加快了脚步，告诉自己要更努力一点儿，才不会像梦里那么狼狈。

一直到现在，已经告别了高三，已经跟数学撇开了一切关系，这个梦还是偶尔会回到我的生活中来。坐公交车出去的时候，会遇见很多穿着校服的学生，我还是像当初一样，很容易地就能看出哪一个是在上高三的学生。有时候，我会很善意地跟他们微笑、打招呼，很多时候他们都会不自然地回应。等我好奇地探头看他们背的单词本是否跟我当年背的单词本一个样子时，他们才会无奈地微笑着说：好难背下来。跟我当年的样子那么相似。

现在的我渐渐地明白了，他们的脸上、我曾经的脸上写着的东西叫作梦想，或者叫作离梦想最近的岁月。就是它，让每一个高三的学生可以在人群中那么出众，即使离梦想还很遥远，即使天寒地冻，我们都那么相信。所以才会那么努力去靠近，拼上那段岁月，就为了证明自己，证明自己的梦想可以实现。

如果有机会，好想告诉十八岁那年高三的自己，真的，不用那么紧张。其实，高三，也没有那么难。其实，很久之后，虽然你没有去到你期望中的学校，但还是到了你梦想中的北京。

如果有机会，也好想告诉十八岁那年高三的自己，一定要好好珍惜那段岁月。因为很久之后的你会发现，很难再找到一个可以让你那么努力集中精力实现的梦想，也很难再那么全心全意地生活，就只为一个可能的期望。

　　曾经的我，坐在高三的观众席，喜欢观察高三的一切，把最热血的词汇，像演讲稿写的一样，赋予了我想象中的高三。现在的我，经历过了高三，重新坐回了高三的观众席，好想告诉每一个正在高三的同学：抓住你的梦想，不要心慌，不要急躁，要像舞台上最美的芭蕾舞表演者一样，优雅地舞蹈，即使脚下针扎般地疼，也要享受每一刻站在舞台上的时光，过好属于高三的每一天。

　　如果，你往台下看，一定会看到，我和未来的你都坐在观众席，正在为现在你的付出鼓掌。

凤凰花开梦想重生

曹泽倩

校园里的凤凰花开到荼蘼，满树的花团锦簇，像极了我们热情饱满的青春。阳光透过凌乱的枝丫，投下大块大块疏离有致的暖金黄。回想起过去的三百六十五个日子里，我就像一只奔跑的蜗牛向着阳光的方向追寻我的梦。

1

"有一个未来的目标，总能让我们欢欣鼓舞，就像飞向火光的灰蛾，甘愿做烈焰的俘虏。"

从那个连蝉鸣都透着燥热的夏天开始，我踏上了高三，没有苏东坡那份"成败任西东"的豁达，也没有"一蓑烟雨任平生"的豪情。但我却要以东坡那种"西北望，射天狼"的飒爽英姿，去实现我的梦想。

我就读的高中是所刚刚成立的私立中学,我是它的第一届学生,由于这个缘故,我们的成绩普遍很差。大多数同学都破罐子破摔,认为自己反正是没有希望了,混日子过吧。高三之前我上课不听讲,不完成作业,差点儿把自己废成一块没用的铁。就在高三来临的前一个星期,学校开了一次家长会。校领导几乎调动了所有家长们的情绪,并且一直鼓励我们,这一年什么奇迹都可能发生。

爸爸开完会阴着脸从学校回来,开始不让我写文。他阴着脸说:"高三了你不应该再把时间花在写这些乱七八糟的东西上面了。"他不知道文字对于内向且不善言辞的我而言,是一种无法舍弃的排遣和自娱方式。在饭桌上,我们开始了一场歇斯底里的争吵。我从来就不是一个有好成绩的孩子,在身边的同学纷纷以优异的成绩上了重点高中时,我只是勉强考上了这所普通的高中。在此之前,我从未想过自己的未来,更没有梦想。

争吵过后,我躲在房间里,看着曾经各种作文大赛的证书,看着爸爸口中乱七八糟的作文,眼泪簌簌地落下。此时爸妈焦灼的目光不断地在脑海中闪现,失落的叹息不断地在耳边萦绕。那一刻,我平添了一股莫名的勇气,收起了桌子上的稿纸。也许,我真的该努力一番。"凡是到达了的地方/都属于昨天/太深的流连/便成了一种羁绊/绊住的不仅仅是双脚,还有未来。"是的,我不能让过去羁绊现在的高三,更不能羁绊我那灿烂的未来。生命,应该是一段有梦想的人生旅程。我翻开日记本，郑重地写下："以梦为马，即使踏过荆棘也要追逐。"

2

"摆动着的是你不停的脚步，飞旋着的是你美丽的流苏。"

炎炎夏日，热气无孔不入，头顶的风扇在吱吱呀呀地转动着，老师在讲台上讲得大汗淋漓。我抬头环视了教室一周，有些同学趴在桌子上昏昏欲睡，有些在看杂志，有些在发呆。看着教室前高考倒计时的日数在减少，觉得自己对未来的一无所知就如同窗外茂盛的树叶那样，荫翳如云，缝隙间又透着阳光。

我开始把书本摞得高高的，把自己埋进试卷里，埋进书本里。但一切，远比我想象中的要艰难得多，因为没有好的基础，我学起来十分吃力。上下五千年的历史文化，不能娓娓道来，世界地理神秘的面纱又等着我去揭开，函数和几何依旧让我苦恼，文言文、诗歌总有我无法理解的感情……

但我仍然坚信笨鸟先飞早入林。每天早晨五点多，睡眼惺忪地爬起来洗漱吃饭，匆匆赶到课室早读，然后开始一天繁重的学业。钢笔的墨水消耗得飞快，笔记本上的内容越来越多，复习资料上的空白越来越少。那段日子我的心被这样淡淡的墨香填满，充实而又安详。每一天，每一节课，每一分钟，我埋着头奋笔疾书来为自己编织梦想。

3

"在一往情深的日子里，谁能说得清什么是甜什么是苦，只知道确定了就义无反顾。"

我期待着每一次的考试，也害怕着每一次的考试。我既期待能在每一次考试中看到自己的进步，又害怕怀揣的希望在考试中落空。但我从未绝望，带着虔诚的信念和坚定不移的梦想勇往直前。从夏天一直到秋天，每一个平凡的日子因为梦想而鼓胀到昂扬。老师们、同学们开始相信我将会是我们学校的第一匹黑马。那个曾经摆着一副忧伤姿态抒写那些华丽唯美文字的孩子，不知不觉中已渐渐远离了稚嫩。站在青春的路上，我单枪匹马，赤手空拳，却有一腔孤勇。我默默地在心里对自己说，我要重生。我要做海燕，以无所畏惧的飞翔去搏击人生中那狂烈的暴风雨；我要做荆棘鸟，即使困难丛生，我也要去歌唱我的梦想；我要做石竹，永远屹立在风霜雪雨的千磨万击中……

百日誓师时，校领导激情昂扬地鼓励我们披荆斩棘，开疆辟土，告诉我们身后的一切汗水和泪水将会成为日后为之骄傲的荣光。教室前高考倒计时的牌子上，数字每天都在减少，而我的数学依旧还是不及格。在草稿纸上，在日记本里，在作文中，我都写满了激励自己的话。正是这些凌乱的笔迹把我一次次从灰心的深渊中打捞上来，让我一直坚持到了最后。任凭千军万马马不停蹄之势，我仍旧迈着自己的步伐。

4

"要输就输给追求，要嫁就嫁给幸福。"

排排站好，拍毕业照了，准备，微笑，再来一张，好。

"咔嚓"相机终将这一刻定格住了。镜头里，我们笑靥如花，我们年轻恣意，我们自信满满。

拍完毕业照，我一个人静静地走在校园里，喧闹的人群还没有散去。虽自知不是一个悲春悯秋的人，而今心中却充斥着淡淡的离愁之感。拍过毕业照后，大概很多人都意识到高考真的逼近了。没有人再叹息，没有人再抱怨，没有人再站在窗口望着天空感伤，有的只是默默地努力。

时光马不停蹄地把我们带到了高考的门前，我告诉自己，圆梦，就在此刻。就这样，在那个夏天，我们走出高考的考场，穿过初夏蝉声聒噪的操场，穿过白色的教学楼，穿过开满凤凰花的校道，穿过我们十八岁的天空。我终于如愿走向了高三岁月里幻想过无数次的大学。

5

　　如今，我行走在大学的校园里，无所顾忌地写着我热爱的文字。望着湛蓝遥远的天空，那些怦然心动的瞬间、那些关于梦想的誓言、那些阳光下奔跑的身影、在记忆里循环播放，一遍又一遍。感谢那段追梦的日子，让我在凤凰花开的日子里，腾蛟起凤，浴火重生，让我明白，梦想并不是时时刻刻挂在嘴边的东西，只有脚踏实地地努力过，才能体会到它的存在。

我们都是不退缩的兵

依 林

清晨，我从甜美的梦境中醒来的时候，感觉身体轻飘飘的，原来上帝偷偷地给我安了一双翅膀……我欣喜若狂地畅游天穹，划出一道精美的弧线，与白云融为一体……

突然，数学老师的一声大吼把我惊醒，原来我在做白日梦。

我给前座的小锐写下一张纸条，以最快的速度传给他。

纸条这样写道：如果我会飞那该多好！这样我就会遨游天穹，飞到梦想的地方。

小锐回复道：根据物理学理论，人的重力大于空气浮力，所以不存在人会飞向天空的说法。除非你是神奇宝贝里的百变妖怪，这样你就可以化作一只波波鸟，自由自在地翱翔。

我痛恨他为什么这么一本正经地回答我，如果他能回复"人是可以飞翔的——在做梦的时候"，至少我还会感到很满足。

这时，透过窗我看到蔚蓝的天空中有一群鸟儿展现着它们绝美的舞姿，隐约间露出的背影是多么的幸福啊！仿佛它们忘却了所有的烦恼，只有快乐永远地伴随着它们。

眼角的余光落到了周围的同学身上，此时他们都在全神贯注地听老师讲课，只有我傻傻地发呆。

我终于明白，那些青春的幻想终究是要依托在现实之上，只是美好的设想而已。既然人类无法像鸟儿一样展翅翱翔，那就敞开心扉拥抱广阔的天空吧！

期中考试成绩发下来了，看着课桌上那张数学考卷，心纠结成一团。不敢相信啊，我拿着卷子左看右看，倒看正看，偏偏无法改变不及格的命运。直到现在，我都还在怀疑数学老师是不是老眼昏花，把别人的分数错判成我的了。

如果真是那样，我现在就要去买一张彩票，以此纪念这种百分之一，甚至是千分之一概率的奇怪事件都能发生在我身上。

我知道，无论我怎么狡辩，都改变不了退步的事实。对于像我这种跻身在中等生行列的人来说，在老师突然心血来潮时能偶尔提醒我们几句，除此之外他们的时间基本上都放在了那些名列前茅的好学生身上。

我们成绩的好或坏就像一摊波澜不惊的湖水，就算退步都不会引起周围同学太大的心理波动。我也在想，我们四肢健全，双眼炯炯有神，怎么会毫无存在感呢？

而我天生脑袋笨，又不肯笨鸟先飞，看来这辈子与"好学生"这个词语无缘了。不过，我是个乐天派，就算做不成鲜花，做一个默默无闻的绿叶衬托花的娇贵，这样岂不是更伟大？

黑板上的高考倒计时悄然地从笔尖流逝，所有人燃烧身体里流淌的每一滴热血，只为了同一个大学梦想。

小锐一直想去韩国举办演唱会，但他为了将来，暂时放弃了自己的唱歌爱好。就连从小就视时间为空气的我，现在也知道了时间的重要性。

老师说，高三就是一场"兵荒马乱"的战争，谁能坚持到最后，谁就是最大的赢家。

我想，高三就是一个没有硝烟的战场，所有士兵的武器就是一支笔，如果你临阵退缩，就难逃失败的命运。唯一制胜的方法，就是不断前进，不断前进。

无论多大的风雨，我们都要学会从容不迫，都要坚强面对。

时光妈妈一直走

黎 卓

时光妈妈一直走,就有了我,有了你,有了他,有了她。

作为我爸我妈的第一个孩子(当然也是最后一个)、我爷爷奶奶的第一个乖孙女、我姑姑叔叔的第一个侄女,我的降临把他们激动坏了,纷纷自告奋勇要帮我取名字。大家推举当语文老师的姑姑帮我取,她大手一挥写下了一个十分没有技术含量的名字:许巧园。听起来是很可爱,但我爷爷说了不够霸气。他又翻了几本字典,终于找到了适合做许家长孙霸气侧漏的名字:许祺琪。第二个字是吉祥的意思,第三个字是美玉。吉祥的美玉。老爸大喊谢父皇赐名,然后奔向派出所报户口。那个报户口的大概是困了、累了、醉了,把琪报成了祺,祺是吉祥的意思,我就成许吉祥吉祥了。飙泪推荐:困累醉,喝快步。

老爸粗心又懒惰，待到发现时嫌麻烦不愿意改。所以大李喊我三喜。一喜取自"许"的谐音，二喜取自第二个吉祥，三喜取自第三个吉祥。

同学们都夸我的姓好听，我说是啊是啊，如果上天再给我一次机会的话，我一定说服我爷爷叫我许多钱。

接着，时光妈妈走，我也走。十岁时班内同学情窦初开，我小他们一岁自然不懂情为何物。见过的第一封情书是陈剑写给班花的，被班内同学截获，当天回家我玩心大起，用我自认为最不像我的字体写了一封肉麻情书给班花，落款是陈剑。

我故意和佳欣做值日做到很晚，然后"不经意"地从班花椅子底下扫出一张信纸。

"哇，哇，哇，陈剑好肉麻哦！整张情书写满了我爱你！还附英文版的！"佳欣八卦开了。我在心中暗暗惭愧，那还不是因为我除了"我爱你"跟"I love you"之外根本不知道要写什么。

这张由我制作的情书流落到班主任手里。班主任老康是一个关心孩子思想情况的好人，她看了看情书对陈剑说你的字什么时候变得像狗爬了？

全班哄笑，除了我，除了班花，除了陈剑。他无奈地站起来说不是他写的。老康又仔细观察了几遍情书，最后说："我怎么觉得那么像许同学的字呢？"

班花早就红透了脸，这时逮住机会说道："本来就是祺琪跟我写着玩的。"我也红着脸反驳:"我才没那么无聊。"

班上同学爱闹,不想这件事就这么完了,有人胡诌说情书是陈剑让三年级小朋友帮忙写的,有人说不对,是陈剑用左手写的才这么丑。

老康想想,特损地说了一句话:"也对,祺琪的字比这难看多了。"意思是说我的字比狗爬的还难看?!

后来这件事就这么不了了之,班花和我也成了闺密,在一起玩的还有身材神似熊猫的熊猫君。

上了初中,学校就在自家楼下,如果往我家阳台上安个滑梯可以一滑滑到我们教室。这样舒适的环境带给我的好处是我可以七点起床,然后七点十五分之前准时到达学校。有时候学校厕所有点儿挤,我和邻居同学大李就可以手牵手通过学校的文印室跑回家上厕所,比在学校挤要快。

初二下学期是我成绩的高峰,各科均衡发展,最好的时候是年段十五名。我开始好好学习认真扮酷,剪短短的男生发型,配上高挺的鼻子和一米六八的身高,跟大李遛弯时人人都说她找了一个好男朋友,当我从女厕所出来时还会有女生尖叫。

后来,我厌倦不明的性别,重新蓄起长发。原来剪得太短,到了初三上学期才能绑起来。我将刘海儿用大大的深绿色发夹夹起。我不介意别人说我脸大,至少我认为没有刘海儿我的脸是黄金比例。

不知道从什么时候开始，被我摒弃已久的任性又悄悄回到了我身边。

任性每个人都会有，不同的只是程度。我想我的程度并没有自以为的那么浅。像这次期末质检，喜欢的数学可以考到年段前五，无爱甚至讨厌的英语和语文任它们自生自灭，分别得了一百二十分和一百一十一分，然后总分合起来是年段五十七名。

老爸问我为什么，我打了个哈欠说考听力前忘了掏耳朵。我暗暗在心里想，连"汀"都能读成ding的我语文怎么会好？去年11月份的时候在小博上发了一个稿子，老妈也来骂我说语文考成那样也好意思投稿，我看你要赶紧把稿费还给人家。

"聚集在花朵上的蝴蝶们，突然振翅而飞，一瞬间消散得无影无踪。"我也忘了这句话是属于哪本书的了。我不想用悲伤来收尾，所以我选择了励志。相信在初三的下学年，我的蝴蝶们能够再飞回来。

时光妈妈一直走，就有了这世间的一切。

太后一家启示录

粟子小姐

人物介绍：

我爹，某小学教师。被我家太后称为"误人子弟"，具体情况需现场访问。

我娘，伤不起多功能全自动管家兼太后，正处更年期，具有现代妇女之先进性和敏锐性，同青春躁动期的我战争甚少。

我哥，二十有六，时愤青时现实的社会男青年，有时犯"二"有时文艺，热爱金钱追求自由，曾被误认为是我的弟弟。

启示录：

我出生的时候，我爸是一名希望小学的教师，我这一伸胳膊一踢腿横空出世就险些让我爸丢了这个为人民做贡献的职位。然后无辜的我就被送往泰安，一路上我婶婶死命把我捂在被子里，我估计这就是我十多年来一直晕车的幕后黑手。

我两岁的时候，赶上计划生育政策调整，我爸不用被炒鱿鱼，我也可以重见天日光明正大地做人了。

我五岁的时候，我哥正在上高中，每次他回家我都把他堵在门口，气势汹汹叉着腰指着他说："你来我家做啥！"我哥立马乐了，把两条大腿还顶不过他一条胳膊的我拎了起来对我挤眉弄眼。我一直觉着这给我幼小的心灵留下了重大的阴影，指不定和我现在的恐高有直接联系。

我六岁的时候，发了有史以来最高的一次烧，纪录至今都未被打破，直接就烧糊涂了，大半夜突然坐起来摇醒我家太后，指着紧闭的卧室门对她说："妈，你看咱家小狗进来了。"我妈一听，一摸我身子，黑灯瞎火地抱起我来就奔到我舅家，我舅开车带我俩去了医院。啥？你问我爸去哪儿了？我爸是人民教师还兼顾我家工厂老板大半夜的当然是出差了。所以他带的班老考第一，倒数的。

我七岁的时候，在我爸当老师的学校上小学一年级，享有不上课的特权，整天蹲在办公室里玩。有的时候还在人家作业本上搞恶作剧。在我觉得写字好看的本子上画一朵大红花，幼儿园就是这样的。学校有一次搞六一活动，我屁颠屁颠去校长办公室玩，看到两盘要放在主席台上的水果，打小就贼有志气和远见的我偷偷抱了一盘出去了。

直到我在众老师面前咬下的那一刻我都还没发现那是假的。我咬了，牙没硌掉，就是挨了一顿骂。原来那也算破坏公物。

我八岁那年，转校去了实验三小，第二天就来个数学小考，我本来就什么都不会，看别人都在做，我正着急，又一紧张，就尿裤子了。我总觉着这和我以后对数学考试有种莫名的恐惧脱不了干系。

我九岁那年，在饭桌上我爸妈问我长大了养谁。我头一歪，纠结了半天，终于下定了决心，对他们说我谁都不养，都给送养老院里去。结果诚实的孩子受到了爸妈一人一筷子。我憋屈了，为什么他们不能感受到我那熊熊燃烧的孝心呢。养老院哪不好了，老头老太太在里面还能谈谈恋爱。电视剧里都是这么演的。

我十岁那年，我家太后拿了驾照。我家买了车，我可乐了，指挥太后带我去这去那儿。唯一不足的是半路上都要吐一次，因为我晕车。后来我发现，每天早上我不醒我家太后就未经批准开车出门了，我一怒之下，决心每晚都先把车钥匙藏好，看她怎么跑。

我十一岁那年，我和我哥在家顶头，我顶不过他，我爸妈就在旁边瞎出馊主意，年幼无知的我就轻信了，怀着一种"女子报仇，半天不晚"的豪情壮志去找了俩螺丝钉，准备使诈。后来使诈没成，反倒是第二天，我刚买的自行车被螺丝钉扎爆胎了。

我十二岁那年，学了一篇课文叫《我喜欢》，张晓风写的。每天早上齐读课文大家都会大声喊出"《我喜欢》——张晓风"。好像都把"张晓风"换成了自己喜欢的人名一样。下面的人哧哧地笑个没完，老师就瞪我们。

我十三岁那年，升初中，毕业考试前一天收到第一封情书。很小一张纸，用了俩成语，还有错别字，我怕别人看到就塞裤兜里去了。后来弄丢了。我一直怀疑是我妈洗衣服时掏我裤兜发现了。

我十四岁那年，我哥问我有没有谈恋爱，我说没有，但是我有暗恋的人。后来我家太后也问了一遍，但这一次我只回答了前两个字。

我十五岁那年，有准嫂子了，打破了我对我哥是个同性恋的猜想，我爸妈又在饭桌上问我养谁，我学乖了，说都养。

哦，对了，今年我十五岁。

等下一个天亮

唐 柠

1

我们一群人从KTV走出来的时候,午夜十二点的钟声已经敲响了。刚入秋的天有了明显的寒意,我裹了裹单薄的外衣跟着队伍向前走,路边昏黄的灯光把我们每个人的影子都拉得好长好长。

很多时候我都会看着路灯投射出来的修长影子暗自想,要是真的能长这么瘦这么高就好了。

该回家的人都走了之后,剩下我们四个没有一点儿睡意的人一致决定去压马路。

喧嚣了一整天的小城在这样的时候也终于回归了平静,路上只有几辆呼啸而过的车和三三两两的行人。有人提议玩"水果蹲"的游戏，反应慢的人必须接受真心话的惩罚。午夜的街道，突然爆发出来的笑声显得格外具有穿透力。

游戏持续很久我终于输了，我早就猜到她们要问我的问题："你还喜不喜欢尧远？"你的名字最终还是以这样的形式回响在我的耳边，让我掉进了深深的回忆里。

2

蝉鸣声喧嚣不停的夏天，是我最想念的季节，因为那里住着我们美好的遇见。是得到了上帝的多少眷顾才可以坐在一转身就能够看见你的位置。渐渐熟稔起来之后就由以前僵硬的客套的招呼变成了传纸条和肆无忌惮的大呼小叫，恢复了本来张牙舞爪的最初面貌。

自习课的时候我们一人一个耳塞听林俊杰的歌，低吟浅唱的旋律和着我的美妙心情，整个世界忽然就变得不一样。

凑在一起看小说，每每这样的时候我就看不进去一个字，脑子里晃晃悠悠的全是你的影子。

课间休息的时候你捏着一截粉笔朝我扔过来，我不甘示弱地跑到讲台上抓起一把粉笔扔向你，瘦弱的你很轻易就躲开了我的还击。这一场粉笔仗打下来，就有看热闹的同学怪腔怪调地说:"你们看,空中传弹,弹中传情。"你看着我,我也看着你,彼此都没有说一句话。

我珍惜着这样每一分每一秒静谧的小时光。

3

从回忆里抽离出来的我看着她们一张张热切期待的脸,突然说不出话来。已经好长时间没有看见你了,如果我说我依然喜欢着会不会有些荒唐。

前段时间在家里看了马里奥2007年拍的电影《暹罗之恋》,里面有个情节是这样的:男孩儿在女孩儿家里发现了许多自己的照片,然后女孩儿拿着帮他翻译的歌词走过来,粉红色的秘密在两个人之间展露无遗。女孩儿说:"歌词的意思是,有爱就有希望。"男孩儿问:"那么,你还在希望着吗?"看到这里的时候,难过以我无法抵挡的姿势奔涌而来。

凌晨三点钟,我们几乎把整座小城都走遍了,穿着高跟鞋的女孩子实在不想走了,我们就随便找个地方坐了下来。

有个朋友说,其实我们每一个人都做作,而且犯傻。说得真好。

我从来没有在谁面前觉得自己卑微过,除了你。你像天边的一束光,住在很远的远方,自始至终都觉得你太完美让缺点很多的我不可企及。

朋友突然开口问我："你觉得自己了解他吗？"我抿抿嘴抬头看着暗夜里明明灭灭的星说："不了解，因为不了解，所以才会觉得他什么都好，好到让我觉得自己配不上他。"

朋友说："他已经有女朋友了，你不要再喜欢他了，把自己弄成这样何必呢！真是的。"

我知道，我看见了你的情侣空间，我看见了你空间里两个人秀恩爱的留言。你永远不会知道，我曾憧憬过的幸福里，一直都有你。

有一首歌很久都不敢听不敢唱，因为一不小心就会牵扯出关于你的回忆。五月天的《突然好想你》。

静谧的空气里渗出厚重的凉意，我突然像发了疯一样扯着嗓子唱出来：突然好想你／你会在哪里／过得快乐或委屈／突然好想你／突然锋利的回忆／突然模糊的眼睛……

声音划破了暗夜的幕布，仿佛再努力一点点就可以窥探到黎明的曙光。那好，我在这里等下一个天亮，也就从此将你遗忘。

嗯，这次真的不说谎。

那年的初阳

夏南年

你们才是我心里最重要的人

初秋的天气带着些微微的凉意，我裹了裹外套，继续听讲台上的老师口若悬河："你们再不努力就来不及了，你们看看别的班的同学不管是上课还是下课，手里都拿着书。再过一年你们就初三了，就要面临着中考……"

坐在我对面的莫莹捣了捣我的笔袋，递过来一张纸，我瞥了一眼话如泉涌的老师，飞快地打开，上面龙飞凤舞地写着一行小字："又开始了，困。"后面还画着一个栩栩如生的小人儿。我把纸条压在宽宽的袖子下面，把笔探到纸上，抬头望着老师，手却在悄悄地移动："就是的，初二才刚刚开始，还有整整两年呢。"莫莹从桌子下面接过我的纸条，又回复了起来。

这样一来二去的，原本被上成了政治课的英语课，变得生动了起来，就像我们组牌上写的："我们想去看樱花，看洁白如羽般的美好，我们也想把青涩的时光从课本中抽取，去渲染我们的梦和友谊。"

组牌上的文章都是我写的，我对写作的热爱近乎痴迷，我觉得写下那些温暖的时光对自己的内心也是最温暖的呵护。

伴随着下课铃声，我和莫莹还有瑶瑶一起朝操场走去，我们每节课的课间都会去那儿，好像那是我们的秘密基地一样。

天空特别蓝，阳光打在脸上明晃晃的，我用MP3大声地放周杰伦的《蒲公英的约定》。突然，瑶瑶表情沮丧地说："陈欢又和许芷清玩了。"我和莫莹顺着她手指的方向望去，脸上顿时浮现出了气愤的神色。我们都不太喜欢许芷清，她打扮得极其夸张的样子和总喜欢说三道四的性格让我们总是对她避而远之。

莫莹说："我们快躲起来吧，免得许芷清又来说什么。"莫莹的话音刚落，瑶瑶便拉着我和莫莹躲到了操场后面的花坛里。这时，沈馨从我身后探出头："终于找到你们了。"

我和莫莹、瑶瑶、陈欢和沈馨都是最好的朋友，沈馨是语文课代表，刚才去送作业，我们才没有等她。我冲她做了个安静的手势，指了指操场上和许芷清聊得很开心的陈欢。沈馨皱了皱眉头正准备说什么，便看到陈欢和许芷清向我们走来，我们只好大呼小叫着又逃离了基地。

　　第二节课是体育课，上次老师就通知过他今天有事，这节课大家自由活动。我和莫莹她们躲在花坛的喷泉后面，看陈欢和许芷清东走西窜，离她们最近的一次我听到陈欢说："瑶瑶她们到底到哪儿去了呢？"

　　我们像是在玩一个躲猫猫的游戏，一直到下节课的上课铃打响了，我们才不情愿地回到了教室。回到座位上后，陈欢给瑶瑶传了张纸条："你们为什么躲我？"

　　瑶瑶看完后尴尬地递给了我，最后是莫莹在上面写："我们都不喜欢许芷清。"纸条传回去后就再也没有了回音。直到放学的时候，陈欢跟我说："我们去老街走走吧。"我犹豫了一下点头说："好。"

　　老街并不叫老街，这只是我们给它起的名字。老街上有很多家可爱的饰品店和文具店，清风徐来，能听到风铃叮叮咚咚的声音。老街的尽头有一家书屋，弥漫着油墨的清香。

　　我和陈欢一家店一家店地逛着，然后我去书屋订了一本《谁把风声听成离别歌》。坐车回家的时候，陈欢对我说："其实许芷清人挺好的，你们不喜欢她也罢，我不跟她玩了，在我心里你们最重要。"

在没认清光速前，我曾用这个词形容我失去她们的速度

我们和陈欢还是闹僵了，因为一次很小的矛盾，我们把她背地里说过的话都说了出来，莫莹、瑶瑶和沈馨都被她说过。

我知道陈欢说的那些话并没有什么恶意，人与人相处的时候，总会发生点儿摩擦，生气的时候说话都会很重，但我还没来得及调节下气氛，沈馨便对我说："夏夏，昨天我看到陈欢在日记本上写了关于你的很难听的话，她说你……"沈馨的话正戳到了我的痛处，怒火中烧的时候我竟没有想到她话里的真假。

我们和陈欢闹僵的第二天，陈欢承认了她说莫莹、瑶瑶和沈馨的话，她对莫莹说："那些话只是我生气的时候说的，我没有别的意思，但我真的没有那样说过夏夏。"她说这句话的时候，眼神里带着愤怒和难过，我突然感觉到了一种很特别的难受，像是有什么原本清澈的东西在心里碎掉了一样。

上课的时候，莫莹悄悄问我："即使陈欢在心里不把我们当朋友，表面上我们以前的关系那么好，你觉得她会把写了那些话的本子带到学校吗？"

一瞬间我的脑子里发出轰的一声，我说："不会吧？那么那些话就是沈馨自己说的了？"我把这句大家都心知肚明的话说出后，便和莫莹沉默了一节课。在几个人里，沈馨和我的关系是最好的，从前的她没有什么朋友，是我把她带到了这个温暖的圈子中来，让她不再孤单的。我怎么都想不通她这样做的理由。

快下课的时候，语文老师突然要求默写《三峡》，默完后依旧要求沈馨来改。一下课，沈馨就抱着一摞本子到我的座位上，悄悄对我说："我们把陈欢的本子多改几处错吧，她那样说我们。"沈馨的眼睛亮亮的，但我望着却觉得有种不真实的感觉。

我不置可否地笑了一下，沈馨看出我的脸色不对，关切地问我怎么了，我摇摇头继续批改手中的默写本。

没想到当天下午，批改默写本的事情便被老师知道了，我不知道是陈欢向老师告了状还是老师自己发现的，总之在单独叫了沈馨后，班主任又把我叫了过去。她的话有些意味深长，她说："夏夏，你还很单纯，做什么事都要注意一点儿。"

我有些莫名其妙地走到办公室门口时，早已等候在那里的莫莹对我说："沈馨把责任都推给了你，把自己推脱得一干二净。刚才我们班的几个男生去交作业，全都听到了。"沉默了一下，莫莹又说："我们不要跟沈馨玩儿了。"

窗外的阳光依旧明朗，灿烂得让我有一点儿想哭，我想起很多个和沈馨在一起的片段，那些充满美好的时光已在不知不觉中渐行渐远了。

几天之内，我便轻而易举地失去了两个朋友。

其实学会原谅，也是件不错的事情呢

初二的时光并不像我刚开始时以为的那样漫长，眨眼间，初三的一个学期也已悄悄在指尖溜走。

我开始收敛了自己的心绪，专心致志地学习。学习累了的时候，我会和同桌的女生聊天，她聊起她最好的朋友有娇气的小脾气，这点让她很不满，我有些老气横秋地劝她要珍惜这份友情。

彼时我和莫莹、瑶瑶已经疏远了很多，一年里发生的事情让我们从能合吃一根棒棒糖的亲昵变成生疏到见面连招呼也不打的程度。倒是沈馨，似乎是因为心里对我有愧，对我总是很客气，在经历过了物是人非后，我也开始学会放下过去，经常和她一起学习或者一起发泄似的谈天说地。

和沈馨重归于好后，时间渐渐充实了起来。中午我会和她多坐一站地，用原本买杂志和小说的钱买大本大本的中考习题集，学校发的综合训练令人发指地厚，我和沈馨却心满意足地做着，有时提起莫莹、瑶瑶或是陈欢，沈馨的脸色便会微微有些发红。

临近毕业的时候，我和沈馨都去买了本同学录，淡

黄色的明亮纸张上，沈馨用墨色的笔写道："最美好的记忆，是我们美好的回忆，分分合合，代表着友谊的稳定，共同的'敌人'，永远都不会忘记她所说所做，每一个决定，都是挣扎与纠结，但是，每一次的选择，都不会忘记所属的内心，但我知道，我们并不应该分别，友谊与教诲中选择，还是抉择不好，但你并不在意，也只有我知道，我曾做错了许多，你的每一个眼神，代表你原谅我……"

和我一起看完长长的留言后，同桌惊讶地说："诗歌啊，她是抄的吧。"我摇了摇头，心想那些字里行间的心情也只有经历过的人会懂吧。文字真的是有魔力的东西，至少在我心中是这样，我能听见自己的心，一点点融化了那些叫作不信任的感情。

中考来得特别仓促，两天后，当一本崭新的答案发到我的手中时，我突然有种莫名的惆怅。三年了，那些熟悉的身影眨眼间便成了真正的过客。这大概是这个年纪的每个人都会经历的吧，有点儿酸涩的不舍，又带着些对未来的期许。

一阵"哗啦哗啦"的纸页翻动的声音后，几多欢喜几多愁。我和沈馨漫步在老街，阳光洒在身上，再没有了夏日原本黏腻的热。两三个月没来老街，竟然变成一片废墟，令人唏嘘不止，原本玲珑的小店像是云烟，只剩下街头的文具店和书屋依旧，我轻轻松了口气。

买书的时候，沈馨问我："夏夏，你上哪所高中？"

我毫不犹豫地报出了自己心仪已久的学校，还下意识地说："按照估算的分数，应该没什么问题吧。"

沈馨的目光一瞬间染上了羡慕的颜色，她说："我是考不上的，估计择校分数也不够。"这个话题显然不适合这个美好明亮的夏日，也不适合中考结束后应有的心境，沈馨沉默着陪我买完了小说、杂志和奶茶，然后陪我在车站等车。我莫名地想起，初二我们躲着陈欢的那天下午，陈欢也是这样陪我等车，然后说出了那句我至今难忘的话。

原来昨日最亲的某某，转眼间便会各奔东西。

派大星从来都不会离开海绵宝宝

记得小时候最开心的事情便是坐在电视机前看当时热播的动画片《海绵宝宝》，海绵宝宝的声音特别可爱，但我最羡慕的却是他有派大星做他最好的朋友。

高一开学几个月后，沈馨转来了我的学校，在隔壁班借读。先前只是听她提过，没想到那么快她便来了。遇见她是清晨，走在学校里的我睡眼惺忪，看到她的那一刻却突然清醒了过来。沈馨冲我笑笑，我的心里像是灌进了明朗的阳光，满满地全是温暖和安心。

时间久了，身边的人总会有变动。

我当上了学校文学社的社长，要求全部社员写一篇以时光为主题的文章，有社员抱怨这个主题俗气，我却觉得时光是每个人都该探究深思的东西，课文里说："古人之观于天地、山川、草木、鱼虫、鸟兽往往有得，以其求思之深而无不在也。"那么，偶尔思于时光也是应该的吧。只有深思，才能感受到时光背后我们一点点生根发芽的友谊或是心智。

有个社员交上来的文章叫作《良人是时光过滤的溶液》，品读后感慨颇深。我想，良人终会在时间的洗礼下依旧对你微笑如初吧，就像沈馨和我。虽然现在的我依旧不明白她当初的所作所为，但时间替我做出了原谅她的选择，让那年的初阳终于在时光中开出了一朵温柔的花。

这个夏天不平凡

杜克拉草

春的脚步还没移开，校园里却可以偶尔看到裙摆的飘扬，女生纷纷扎起了马尾也露出了白皙的长腿。

不知什么时候开始，校园里流行男女生都手持小手帕，于是校园里多了几声"小二上菜"和"给小主请安"的声音，同时也多了汉子样的娘娘腔儿。

班里的说话声越来越小，说话的人也越来越少。理由是：说多了都是汗。

宿舍的风扇一直在转，但是似乎感觉不到一<u>丝丝</u>的凉意。于是发牢骚的声音越来越多地充斥着我们的耳朵，也有越来越多的人做着学校装空调的白日梦。

今年的夏天会以怎样的方式来跟我们见面？

我就这么想着，想着。

闪电，雷声。雨如一颗颗豆粒就这样成了自由落体。

夏天终于来了……

这个夏天于我来说注定不平凡。

这个夏天，我参加了成年礼，我想早恋的念头还没萌芽就被判了死刑。青春与我越走越远。

这个夏天，我参加了学业水平考试，这是不是意味着我的高三如期而至？

这个夏天，看着学长学姐在高考前一天撕心裂肺地吼叫。我总不明白为什么"高三党"会在高考前撕了书散花，但现在似乎我也渐渐懂了。或许明年的今天我也会成为他们那样子。

这个夏天，我认识了写手阿狸。他说他怕自己不够优秀，怕失败的时候会把原因推向写稿。我说写稿是一件幸福的事，能把自己的心情、身边的人和事用文字记录下来并不是每一个人都可以做到的。我一直觉得庆幸的是这个夏天我学会了用文字来祭奠旧时旧人，这样不算太晚吧？

这个夏天，我认识的铂金越来越多，我收到铂金给我写的信越来越多，最后班主任问我是不是网恋了。我只能苦笑一句：你见过哪个网恋的是靠写信沟通的？

这个夏天，我参加了闺密的十八岁生日，她说她在十八周岁之前希望能完成的事只完成了一件。我们总是会犯一个错误：答应别人的事死都要尽力去办好，却忘了自己对自己的承诺。

这个夏天，闺密谈恋爱了。是不是每一段恋爱都会用一段友情来换？我不知道，但是我终究将她遗失在这个夏末。

对于准"高三党"来说，夏天没有暑假的气息。因为暑假会被我们一半用来补课，一半用来温习。

我一直都很佩服两种女生，一种是在三四十度的天气里还能把头发披下来的女生，一种是在五六度的冬天里大半夜还洗冷水澡的女生。

我哪一种都不是，我只是个要参加高考的女生。

一个学生最悲哀的事莫过于你发现身边有那么多的学霸、学神、学渣、学糕、学沫……而你什么都不是，只是一个学生。

于是我终于将男神的照片换成了密密麻麻的物理公式。

因为革命尚未成功，同志还须努力！

如果这个夏天已不平凡，那我就将不平凡进行到底。

小伙伴们，这个夏天，启航吧！